大学之美

我的教育世界

张尧学 著

THE BEAUTY OF UNIVERSITY

人民邮电出版社
北京

图书在版编目（CIP）数据

大学之美 ：我的教育世界 / 张尧学著. -- 北京 ：
人民邮电出版社，2020.1（2020.10重印）
ISBN 978-7-115-52217-7

Ⅰ. ①大… Ⅱ. ①张… Ⅲ. ①中南大学－学校管理－
经验 Ⅳ. ①G659.286.41

中国版本图书馆CIP数据核字(2019)第268226号

内容提要

本书记录了张尧学院士在担任中南大学校长期间的风采历程。在此期间，他有过激情燃烧的岁月，有过辗转难眠的煎熬；有成就，也有挫折；培养了万千学生精英，产生了无数科研成果。本书对张尧学院士担任中南大学校长期间在大学学习、大学教育、大学改革、学科建设等方面的实践和收获进行了梳理，形成经验汇本和参考典范，供教育领域的专家学者以及教师们借鉴。

◆ 著　　　　张尧学
　责任编辑　祝智敏
　责任印制　陈　犇
◆ 人民邮电出版社出版发行　北京市丰台区成寿寺路 11 号
　邮编　100164　电子邮件　315@ptpress.com.cn
　网址　http://www.ptpress.com.cn
　三河市中晟雅豪印务有限公司印刷
◆ 开本：720×960　1/16
　印张：13.5　　2020 年 1 月第 1 版
　字数：209 千字　　2020 年 10 月河北第 4 次印刷

定价：99.00 元

读者服务热线：(010) 81055256　印装质量热线：(010) 81055316
反盗版热线：(010) 81055315
广告经营许可证：京东市监广登字 20170147 号

自序

自2011年11月1日至2017年6月1日，我出任中南大学校长一职，这是我人生当中非常重要的一个阶段。此前，我在教育部工作期间积累的许多宏观思考，刚好能结合中南大学的具体情况开展进一步的探索和实践。在任期间的一系列探索和实践给学校的发展带来了一些推动，我希望这些推动能对教育有积极的影响。

我这个人，在性格上有傲慢、固执、急躁和主观的一面，这使得一些本可以干好的事情没有干好。但正如我在就职会议上所言，除了这些缺点外，我还有一个优点是肯学习，并且对事不对人；我的另一个优点是善良、有一点自我批判精神。每天，我会在晚上想想自己当天哪里没有做好，以便以后改正。这样，在中南大学5年半的时间里，我和同事们也做成了一些事，粗略地说有7件小事。

一、年年提高教师员工的收入，使之步入当地职工收入的高水平行列。

二、增强了学校的软实力，使中南大学的品牌得到了较大提升。

三、着力招聘和培养了一批（大约有600名）青年人才。在此基础上，进一步推出了特聘教授制度以及青年教师8年不上讲台、专注科研而不减少待遇的制度。这些人目前已经成为中南大学科研的主要力量。

四、从2012年起，推出了以人事制度改革为龙头的综合改革，带动研究生培养制度、本科生培养制度、科研制度、医学教育制度、学院管理制度等制度改革。在全校大力推进制度文化建设，为建立现代大学打下制度基础。

五、关心和重视本科生教育。在2012年提出“价值塑造、能力培养和知识传授”三位一体的人才培养观的同时，在中南大学实现了教授100%上讲台、主讲本科生课程。我本人也在很长一段时间里坚持回复校长信箱里的所有电子邮件和书面来信。

六、协调当地有关部门和学校的关系，改善办学的软硬件环境，在中南大学西门边上建起了现代化的大学科技园。

七、推动医学教育和附属医院的综合改革，推进了医学教育和医疗服务条件的改善，“湘雅名医”和“湘雅最美护士”工程的实施，激励了广大医护人员，在全国医学界产生了一定的影响。

《大学之美——我的教育世界》便是在此基础上成书的。在书中，我主要讲了大学学习、大学教育、大学改革、学科建设 4 个部分，粗浅地说了一下当前大学改革的一些想法和思路，以供读者参考。

本书很多内容是我任校长期间一些公开讲话的选编，因为我讲话时基本不读讲稿，所以我的讲话大都没有讲稿（学生毕业典礼讲话除外），几乎都是随口而谈，这就难免出错。这次选编，在尽量保持讲话内容原貌的基础上，多少做了一些修改。

对于是否出版本书，我有过很长一段时间的踌躇。在中南大学的这些年，我有过激情燃烧的岁月，有过辗转难眠的煎熬；有成就，也有挫折；我们培养出了万千学生，产生了不少科研成果。成绩是全体师生努力的结果，错误则是我的不努力或德不配位造成的。

过去任人评说，我自无愧于心。

感谢我的妻子和孩子长期的理解与支持！我的每一步前进，都离不开她们的帮助和扶持。没有她们的帮助，我根本不可能走到今天！

感谢在中南大学和我一起工作过的同事、老师和学生，以及离退休的同志们。感谢中南大学的校友们，感谢省内外、国内外的朋友们！是你们对我的信任、关爱、鼓励和支持，使我克服了心灵深处的自卑，战胜了对恶势力的恐惧，看到了那指引人生道路的光明，领悟到了什么才是平常心、什么才是宽恕和力量。每思至此，我都热泪盈眶、情不自禁。

最后，感谢人民邮电出版社和此书的编辑祝智敏，没有你们的努力和全身心投入，就没有这本书的顺利出版。

谨以此书献给那些爱我的、恨我的人们，祝你们一切都好！

张尧学

2019 年 7 月 9 日

目录

序　　章

——在全校教师干部大会上的讲话（2011 年 11 月 1 日）

当接到党中央的任命，让我出任中南大学校长的那一刻，我诚惶诚恐，深恐力有不逮，辜负了党中央对我的信任。好在，有党中央和省委的坚强领导，有学校党委和师生员工的帮助，有黄伯云校长的支持和鼓励，让我有信心完成这项工作。

作为中南大学的领头人，作为我国粉末冶金方面最顶尖的专家，黄伯云校长的辞任是我们中南大学的巨大损失。同时，这也激励着刚刚上任的我要好好向黄校长学习。

一直以来，黄校长都是我人生的导师。我向他学习的过程可以追溯到去教育部工作之前。他在许多方面，包括在我遇到困难的时候、在我取得成绩的时候，都给了我很多帮助和指导。无论是以前还是今后，我都会以黄校长为榜样好好向他学习。

我坚决拥护中央的决定。湖南是我的家乡，能够到一所地处湖南的、著名的、有特色的、特殊的高等院校——中南大学，从今天开始，和大家一起工作、一起奋斗，我感到非常高兴。我要感谢中央组织部、教育部、湖南省委省政府，也要感谢中南大学全体师生员工对我的信任。

我这个人，尽管领导评价说我有一些优点，但我自己知道，我也有很多缺点。我自己说自己缺点多，大家也可能会问，那你来干什么？同志们，我也有一些优点的，我的优点不是能力强，也不是水平高！我能力不强，水平不高，但有一条，我肯学习，愿意为大家服务。黄校长是我的老师，高文兵同志也是我的老师，大家都是我的老师。我一定好好地向大家学习，同时，也会全心全意为大家服务。

如果说我有什么做得不好的，令大家不满的，大家完全可以直截了当地告诉我，我会虚心地接受。为什么？因为我想努力和大家一起把这个学校搞好！

中南大学是一所非常特殊的学校，也是一所水平很高的学校。黄校长说我们 12 年拿了 4 个国家科技一等奖，我们在全国科技奖项排名是第 4 位，第 1 位是北航，第 2 位是清华和四医大，第 4 位就是我们。这是很了不起的成就。另外，我们有 100 多年历史的湘雅医院，是中国第 1 个培养西医的基地、第 1 所西医医院。协和有 90 周年，我们是 105 周年，比协和还要早 15 年，从来就有“南湘雅、北协和”的说法。我们还有全国著名的铁路交通学科等。除此之外，我觉得更重要的，是我们有一批以黄伯云、钟掘、夏家辉等学术大师为代表的优秀教师群体，还有以刘路为代表的非常优秀的学生群体。这是我们的两大“宝贝”。

我来接手这么一所伟大学校的黄校长的工作，倍感压力！在飞机上我就浑身冒汗，一下飞机我赶快把毛衣脱掉了，因为毛衣全湿了。我诚惶诚恐，汗出如浆。我生怕把中南大学这么好的发展势头耽误了。如果耽误了，这就是我的罪过。

在党的领导下，我一定坚决贯彻党中央、国务院的教育方针，贯彻落实总书记的重要讲话精神，贯彻落实教育规划纲要，和大家一起努力奋斗。用明朝于谦的一句话来说就是“粉骨碎身浑不怕，要留清白在人间”。

今后，我要努力工作，争取按照中央提出的走“以提高质量为核心的内涵式”的发展道路，把中南大学更进一步地建设成一个具有中国特色、国际一流的高水平、有特色的大学！

让中南大学的旗帜永远在祖国的大地上飘扬！

关于大学学习：向善求真，唯美有容

大学是什么

——在2012级新生开学典礼上的讲话（2012年9月28日）

亲爱的同学们，你们经过艰苦的努力考上大学之后，是否想过到底什么是大学？为什么要上大学？你们准备怎么样度过大学时光？

有些男同学可能会想，前18年太辛苦，每天天不亮就起来学习，一直学到晚上很晚。到了大学终于可以放松下来，打打游戏、上上网。而女同学呢，也可以看看韩剧、尽情放松了。

还有些同学会想，上大学就是为了找一个好工作、找一个好对象、过上好日子。在这些同学的心中，上大学就是为了实现自己的某种欲望，大学只是人生的一个跳板。

无论是找好的工作、找好的对象，还是过好的生活，这些想法固然没有错，但如果把这些想法当成上大学的目标，目光就太浅显了。当然，也有很多同学有着比较远大的志向和比较崇高的理想。

在我眼中，大学有着3重含义，这也对应着上大学的3个目标。

1. 启迪智慧、启动梦想

大学既是知识的殿堂，也是知识的海洋。著名的唯物主义哲学家法兰西斯·培根曾说："知识就是力量。"这句话是有条件的，知识并不直接等同于力量。图书馆里有很多知识，但如果你不会使用它，它就不能变成你的力量。只有学会了知识，才能拥有力量。所以，同学们在大学里要学会掌握知识、使用知识。我先送大家 8 个字"启迪智慧，启动梦想"，这是我们上大学的第一个目标。

2. 张扬个性，提高能力

大学是国内外最优秀人才的汇聚地，比如材料界泰斗黄伯云院士、机械行业的泰斗钟掘院士、遗传学和基因研究方面的权威夏家辉院士等。当然，还有很多其他领域的优秀人才。那么，在大学里，我们应该怎么学习呢？我再送大家 8 个字"张扬个性，提高能力"。

天生我材必有用，每个人其实都是人才。不同的是每一个人都有自己的爱好和特长，每一个人的长项不同、个性不同。人类社会的发展是朝着充分发扬个性、全面自由发展的方向走的。

在"张扬个性"方面，就是要在学好知识的同时，还要充分发挥自己的兴趣，做自己喜欢的事。在"提高能力"方面，清华大学的老校长蒋南翔先生曾说过一句非常经典的话："学校既要给学生干粮，还要给学生猎枪。"他把掌握的知识和能力比作猎枪，在大学期间，就是要让你找到属于自己的猎枪，并学会如何使用，甚至加以改进和提升。

3. 向善求真，唯美有容

大学是文化和文明的传承地和创造地。什么叫文化？文化是贯穿你生活的习惯，就是去食堂打饭时，你排队还是不排队；就是看到路边的小孩摔倒了，你去扶他一把还是不去扶；就是当可以得到很多东西的时候，你是否愿意和他人分享；就是当别人需要帮助的时候，你是否愿意伸出双手……那么文明又是什么？文明就是好的文化。很多时候，这需要用你的价值观来进行判断。

孟子说过，一个文明的人通常有 4 个特点。

第一是“向善”，不因恶小而为之，不因善小而不为。无论是医生、管理者、学者，还是农民、打工者，都应该有一颗善良的心。如果一个人的心时时刻刻是向善的，那他的价值观和判断力都不会出现问题。

第二是“求真”，指的是对于真理的向往，实事求是、真诚有信。真理是客观存在的，追求真理应该是栋梁之才的理想和信念。要学会用逻辑性、批判性、科学性的观点去解释这个社会和世界，探索并发现真相。具备了追求真理的品质就有可能发现事物的本来面目，进而才有可能去领导和改造这个社会。

第三是“唯美”，寓审美于人生，陶冶性情、丰盈内心。正如孔子所说的“游于艺”，即通过礼仪、音乐、舞蹈、美术、体育、驾驶、文史、数学等方面的学习，全面提升自己的综合素质，获得丰盈愉悦的精神境界。

最后是“有容”，就是要有气度，有容乃大。真正的领袖式的人物，会对别人的毁谤和打击及很多事情，怀有一颗宽容的心，能让不同的人在共同的旗帜下团结起来幸福地生活。无论是领袖式的人物，还是普通群众，都应该有一颗包容的心。

在孟子看来，如果一个人这 4 点都能做到，就可以成为帝王统治一个国家了。但是，要做到这 4 点是很难的。“一个人做一件好事不难，难的是一辈子做好事，不做坏事。”你的心在一段时间内可能是善的，但保持一辈子都是善的，这非常不容易。所以，我最后送大家 8 个字“向善求真，唯美有容”。

将上面提到的这 24 个字连起来，就是我对同学们在上大学时的希望：启迪智慧，启动梦想；张扬个性，提高能力；向善求真，唯美有容。

具体而言，首先，希望大家晚上学习结束后，玩游戏的男同学少玩一会儿，看韩剧的女同学少看一会儿。其次，大家可以谈恋爱，但是要把学业放在第一位。然后，希望大家平时多一些思考、多一些讨论、多一些交流，老师们会尽最大的努力帮助你们。当然，老师们也会从你们身上学到很多东西。最后，让我们互相学习、共同成长！

梦想从这里启航

——在 2013 级新生开学典礼上的讲话（2013 年 9 月 9 日）

亲爱的同学们，当我看到你们朝气蓬勃的面孔时，我有千言万语想对你们说。但是，你们都是非常优秀的，所以，有些话也不必我再多说。在你们的梦想开始之前，我只提三点：一个要求、一个希望和一点建议。

1. 要求：遵守纪律、克服困难、努力学习

作为大学生，你们既是家庭的宝贝，也是民族的精英，更是国家的希望。大学的 4 年，是你们人生最美好、最动人、最可塑、最具有挑战意义的 4 年。梦想从这里开始，基础在这里打下。科学技术正面临新的挑战，飞向太空、与外星人对话可能在你们手中成为现实，半小时绕地球一周也将成为可能。量子社会、3D 打印、大数据、云计算、人工合成新生命等靠谁实现？靠你们！管理一个省、一个部、一个国家，让中华民族更加强盛，也要靠你们！更重要的是，“向善求真，唯美有容”的精神靠谁传承？也只有靠你们！

你们的担子很重，如何才能把你们炼成最好的钢铁？担当如此的重任？除了老师和学校的努力，还需要你们自己付出更多的努力！因此，大学要求你们：遵守纪律、克服困难、努力学习。请记住，纪律和规则是成功的基本保障，克服困难是成功的必经之路，努力学习是成功的必然途径。

2. 希望：勇于担负更大的责任

什么是大学？为什么要上大学？怎么样度过大学时光？希望你们在大学期间，能够不断地去琢磨这几个看似简单的问题。

社会上许多成功人士，像比尔·盖茨、乔布斯等都没有大学毕业，相信在

你们身边也有没上过大学，却依然事业有成的人。那我们为什么还要花 4 年的时间、几万元的学费和生活费上大学呢？难道就是为了体面的工作和生活吗？如果不是，那又是为了什么？我希望你们通过对这些问题的思考，不断深入理解什么是责任、什么是担当、什么是精神和什么是人生的价值。

我希望你们知道，你们是中国最宝贵的财富，是祖国的未来所在！在更大的责任和担当面前，高温、严寒，艰苦、磨炼，又算得了什么呢？

3．建议：把握好学习和玩的关系

你们在心怀理想、努力学习的同时，还要把握好学习和玩的关系。玩得好不一定学不好，学得好也需要玩得好。换句话说，玩的过程，本身也是在学习。但是，玩得好不是晚上不睡觉、早上不起床，也不是沉迷网络、打游戏、看韩剧，更不是挂科或作弊。请记住在大学里挂科是丢人的，而作弊则需要承担法律责任。

大学与中学是不一样的，大学更强调逻辑思考和理性批判，更强调个性张扬和特色发展。大家要多交朋友，多参加学校的各种课外活动，尽情地展现你们的青春才艺，炫动美好青春，成就最好的自己！

独立小桥风满袖，平林新月人归后。在大学生活中，成功和失败总是相伴，成长和烦恼总是同在。许许多多的未知和挑战在等待着你们，你们要多观察、多思考、多读书、多交流、多坚持；不要害怕、不要放弃、不要旁观、不要徘徊。

亲爱的同学们，为天地立心、为生民立命、为往圣继绝学、为万世开太平。学校期待着你们、家里期待着你们、社会期待着你们、祖国期待着你们！

让我们一起成长

——在 2014 级新生开学典礼上的讲话（2014 年 9 月 15 日）

中南大学是一所充满了农民的朴实情操与胸怀的大学，也是一所充满了工人的实干精神与力量的大学。

这所大学不是象牙塔，我们的教师包括校长都是普普通通的人，既有优点，也有很多不足，很少有可以成为人们心目中的大教育家那样的人；我们的设备、后勤、服务等都还不是国内一流水平，当然更达不到国际一流水平。但是，同学们，我非常感谢你们，因为填报志愿的时候，你们毫不犹豫地选择了中南大学！这就注定了我们要同呼吸、共命运！注定了我们要一起成长！

尽管中南大学是一所“农民”的大学、“工人”的大学，尽管我们没有资深的大教育家，尽管我们有这样那样的不足和问题，尽管我们的办学经费和条件不是太好，尽管湖南的夏天很热，尽管你们必须吃点湖南的辣椒……但是，我们的学校和老师一定把培养人放在第一位，我们会尽最大的努力，为大家的成长和学校的发展创造最好的条件！让我们互相学习、相亲相爱、共同进步！

今天，大家来到这里，我希望大家能认清两点。

1. 分数和毕业证都不是唯一

关于应试教育，曾有一种说法十分流行，叫“考考考，老师的法宝；分分分，学生的命根。”在大学，分数确实重要，但绝不是最重要的，不要把它作为大学里唯一的目标。我在分数上对大家的要求是考试不作弊、不挂科。其实考试不挂科很容易，晚上早点睡、早上早点起、老师的课好好听，基本上都可以通过。

大学 4 年，是人生旅途和梦想起飞的 4 年。人生发展的许多重要阶段都在这里打下基础。大家可以思考一下，每个人一生的道路各不相同，有什么办法做出更好的选择和决定呢？这就需要你有一个适合自己和他人的价值判断和标准。

在大学，你们是独立的、自由的。你们有很多时间去思考自己的问题、做自己喜欢的事。中南人崇尚“向善、求真、唯美、有容”，中国的传统文化是“仁义礼智信”，还有社会主义核心价值观，这些是你们必须接受和遵循的。

情商是最基本的人性，人性是人与动物的最大区别。同学们，大学期间，你们除了学习之外，要多交朋友，但也要慎交朋友，要和与自己价值观相近的、志趣相投的人做朋友，朋友是一生最大的财富。学习之余，建议大家多参加一些与自己兴趣有关的课外活动，多了解社会、多读书，当然也可以谈谈恋爱，但要专一；可以喝喝啤酒，但不许喝多。人生路有很多，大家从现在开始就可以尝试，容许犯小错，但不要犯大错，犯了小错误还可以改正，犯了大错就没机会改正了。人就是在试错中成长的。

大家要把课堂内外、校内校外的学习有机结合，重在价值、能力和知识的融会贯通，以学习知识和参加各种活动来提高自己的价值判断和可持续发展能力。大学的学习和活动，都是为了提高我们的价值判断和可持续发展能力，一个是准则，一个是目标，大家要搞清楚。

需要强调的是，无论文科、理科还是医科，大家一定要把英语听说能力放在第一位，为什么呢？因为毕业以后，你们很难有机会去练习听说了。但在大学时可以，英语是国际竞争的基础，也是代表中国、中南在国际舞台上去展示实力、争取荣誉的基础。另外，现在是移动互联网时代，大家可以上网但不要迷恋上网，要关注移动互联网、大数据、新计算模式的发展，特别是这些发展对你本专业的影响，这是今后应对科技发展和竞争的需要。

2. 做好大学的主人

在大学里，“学生”的概念与在中学里是不一样的。在大学里，学生也是学校的主人。大学要和你们共同成长、共同改变。

中南大学是发展和建设中的大学，还存在着一些不足。我们这几年一直在推进综合改革，就是希望学校能够发展的更好一点、更快一点、更科学一点。

你们年轻、有朝气、思想敏锐，而且，你们身处人才培养的第一线，有许多问题我们感觉不到，而你们能够感觉得到；我们发现不了，而你们能够发现得了。所以，我们欢迎你们多提建议，更希望你们动手解决一些自己能够解决的问题，因为这里是你们的学校、你们的家。

同学们，你们的大学生活马上就要开始了。大学的世界是丰富多彩的、人生的道路是多种多样的，但无论你们怎样生活，我都希望你们能够学会人性的平等关怀、理性的逻辑思维、独立的自由精神，能够做最好的自己！

学会正确的价值判断和选择

——在2015级新生开学典礼上的讲话（2015年9月7日）

很多中南大学的师哥师姐曾戏称这里是“左家垅男子职业技术学校”“皇家男子职业学校”，也有人曾以为中南大学是在武汉的民办学校。

实际上，中南大学是在长沙的一所还有点历史和文化的著名大学。例如，我们的湘雅医学院，创建时间比北京的协和医院还早了15年，是由美国耶鲁大学和庚子赔款帮助建立的。而中南大学的本部，是由清华大学老校长梅贻琦先生在抗日战争时亲自选址建立的，是老清华中学的旧址。

同学们，你们今天来到中南大学，怀抱着各自的梦想，你们今后可能是政府高官、将军、科学家、企业家、教师、警察、医生、法官、律师，或者像我这样，成为一名普通的大学校长。那么，你们准备怎样度过你们的大学生活，为自己梦想的实现打好基础呢?

有人说来到大学要学柯南当学霸，这是提高智商；也有人说要学会交流、建立自己的朋友圈，这是提高情商。在大学，这些都重要，但不是最重要的。我认为最重要的是要学会正确的人生价值判断和选择，找到一条适合自己发展的路，把自己培养成一个有良知、有担当、有责任的人!

怎样才能学会正确的人生价值判断和选择呢? 这就需要我们在大学这个大熔炉里，无论大事小事都要认真思考和积极行动。只有思考和行动才能把知识变成力量。

如何思考呢? 我认为根本的三个原则是：一要以人为本、与人为善，二要基于事实根据，三要有理性和逻辑。任何的表扬、批判、创造，都应该基于上述三个原则。

如何行动呢? 我想也有三个原则：一个是道德，一个是法律，还有一个是创新。我们应该在道德和法律的框架内创造性地行动。

我们可以上房揭瓦，但不可以违规违法；可以喝点小酒、谈谈恋爱，但不可以道德败坏；可以偶尔上上网、玩玩游戏，但不可以影响室友休息；可以学得轻松一点、全面一点，但千万不要补考、不要挂科、不要作弊，更不许不尊重老师！

同学们，大学的生活是绚丽多彩的。我相信，在你们前进的道路上会有很多美丽的邂逅与成功在等待你们，也会有不少的困难和问题需要你们去面对。你们有时候会迷茫、会困惑，也会沮丧。但是没关系，请你们一定要坚持！因为坚持就是胜利！

转变，从思想认识开始

——在2016级新生开学典礼上的讲话（2016年9月5日）

亲爱的同学们，当你们面对新的生活时，除了憧憬和梦想，不知道你们心中是否还会有些许的惶恐和不安？

看着你们脸上洋溢的激情和淡淡的茫然，我觉得似曾相识。在40多年前，一个农村青年，第一次远足3000里，从湖南农村到古城西安去上大学，心里也是满满的惶恐与不安。开学后学校组织摸底考试，考数学和外语，结果他数学得了25分，而英语则是0分，全校最低。由于他刚到学校，也没有什么人可以聊聊天，那时就想卷铺盖回家，甚至不想活的心情都有了。但是，他凭着理想、坚持、努力、刻苦和信念，最后还是顺利毕了业，后来还成为了你们的校长。

从中学到大学，每个同学都面临着一次巨大的转变。这个转变会影响你们的一生，改变你们的思想、甚至灵魂。你们是无数次考试的佼佼者、胜利军。你们在中学期间受到了严格的考试训练，也能写出许多优美的文章，这为你们的大学学习打下了非常好的基础，但这是远远不够的。大学需要的不仅是考试能力，更需要思考力和行动力！

如果你们上大学，真的期望自己有一个转变，那你们一定要从思想认识上入手。

你们要对自己有一个高的定位，你们上大学不是为了简单的找一份好工作，你们是民族的精英、国家的未来！中华民族需要你们！你们的梦想就是祖国的梦想，就是民族的梦想，也是你们家庭的梦想！所以，你们要在大学好好地学习，精彩地生活！

大学是你们人生的起点、是改变你们命运的地方，不同的大学生活将使你们在未来拥有不同的人生！当然，这需要你们在奋斗目标、学习方法和生活方式上做出改变！

高中的学习目标是什么？你们想想是不是考高分？大家一直在为考高分而

奋斗！在大学，分数虽然重要，但不再是唯一。在大学，学生的“德智体美”要全面发展，大家要养成独立的人格和理性批判之精神，要学会维护自己的权利、承担责任与义务，更重要的是要为真理而斗争！

在大学，最好的老师是你们自己！兴趣和激情是你们在大学学习的指南针和发动机。在课堂内外，我们都可以学习。在学习的过程中，重要的是要通过自己的思考和行动，建立价值标准，学会价值判断和价值选择，学会和提高处理各种复杂问题的能力和方法。

你们要学会交互式学习和主动学习，不要做书呆子。大学的知识没有绝对的对与错。一切都是有条件的。这就是理性和逻辑。

你们要学会思考，要多问为什么？不要盲从。思考的基础也是事实、理性和逻辑。要多读书、多调查、多分析，这样才能进步。

纪律是成功的保证，请你们不要独立于规则之外，要遵纪。如果早上不起床、晚上不睡觉，挂科就会从此开始。如果手机不离手、吃饭叫外卖，留级就会等着你！所以，请你们在一定程度上远离微信、远离手机、远离韩剧!你们可能不太喜欢，但是一定要尽自己的努力把大一当作高四来过。

你们还要学会生活自理和吃苦耐劳，不要懒惰和奢靡。平时多主动打扫一下宿舍卫生，课间给老师递上一杯温水，这可能就是一个美丽邂逅的开始。

最重要的是，我们要时刻保有一颗美丽向善的心。任何时候，无论多么的困难和痛苦，都不要自私、向恶，自私和恶行会在毁掉他人的同时毁灭自己！

同学们！大学生活是绚丽多彩的、是美好有趣的。但是，在你们前进的路上也会有许多的挑战和烦恼。不过，只要你们有理想、有信心，只要你们肯吃苦、肯努力，只要你们与人为善、互相帮助，只要你们愿意思考和行动，任何困难都是可以被克服的！

长风破浪会有时，直挂云帆济沧海！成功是属于你们的！

当梦想起飞的时候

——在2012届毕业生毕业典礼上的讲话（2012年6月18日）

每年毕业际都是难舍难分的时刻，不愿意和你们说再见。但俗话说“男大当婚、女大当嫁”，你们毕业了，你们也必须走向新的征途：你们中有的人会去继续求学，有的人会出去工作，有的人可能进行自主创业。但无论你们走到哪里，无论是走向天之涯、海之角，无论你们成为领导者还是普通人，你们都是中南人！

今天，在你们的梦想即将起飞的时候，你们准备好了吗？

你们准备用什么磨砺包容？你们准备用什么壮实肩膀？你们准备用什么激励坚强？你们准备用什么浇灌爱情？你们准备用什么迎接事业的辉煌？

当看到五星红旗冉冉升起，你们会从内心深处燃起火一般的激情、想到要用生命来保护她、捍卫她吗？

当祖国需要你们时，比如当他国的军舰在南海游弋、公然挑衅的时候，你们能像黄继光堵枪眼、董存瑞炸碉堡那样奋起保卫我们的祖国、保卫我们的兄弟姐妹吗？

当你看到老人在马路上跌倒、儿童在河边落水时，你能毫不迟疑出手相助吗？

当你成为一名公务员时，你会运用手中的权力，为素不相识的普通百姓服好务吗？

当你在生死攸关的危急关头时，你能像“最美女教师”张丽莉、“最美司机”吴斌那样舍身营救他人吗？

当你准备自主创业时，你能像河北的“油条哥”刘洪安那样用良心、诚信来经营吗？

群众大于天，人民大于天！我们中南人将会成为各界领袖、社会精英，但我们不要忘记，我们更是草原中的小草，大河底下的沙砾。我们要时刻记住，高贵来自平凡，精英源自普通。我们在走向社会后，要讲规则、讲道理、讲情义，先做人、后做事，我们要用自己的双肩，托起祖国的明天。

《荀子·劝学》中说“学不可以已”。荀子还说“不积跬步，无以至千里；不积小流，无以成江海。”当今时代，科技日新月异，我们在学校学到的知识只是为继续发展做了基本储备，在未来的社会竞争中，我们将面临诸多的挑战，我们能应对这些挑战吗?

我们的大学既培养出了大批的学术大师，也培养出了很多优秀的企业家，同时还培养出了大批的政坛精英。但是这些人的成功，都不是一蹴而就的，而是不断学习、持续发展的结果。

江山代有人才出，各领风骚数百年。梁启超在《少年中国说》里曾这样大声疾呼:“少年智则国智，少年富则国富，少年强则国强!”我希望你们也能像我们培养出的那些杰出人士一样坚持学习、顽强拼搏、努力奋斗。在未来的 10 年、20 年后，青出于蓝而胜于蓝。

社会纷繁复杂，挫折与困难无处不在。当遇到挫折和困难，遇到失败、失意、失恋的时候，我们要不气馁、不沮丧、不放弃、不埋怨，我们要不忘中南人“敢为人先、勇于坚持”的精神。

在这个世界上，社会的精英、领军人物毕竟只是少数，我们中更多的人只会成为普通小草、垫脚的石头，一辈子默默无闻。这些人没有成为“名人”，但他们也同样在各自的岗位上实现着自己的人生价值。我们也要坚强、乐观地面对自己的生活，在平凡中实现个人的人生价值。

学习判断，学会选择

——在2013届毕业生毕业典礼上的讲话（2013年6月17日）

尼采说，人生本来毫无意义，但努力可以使其不一样。是的，努力和奋斗可以使我们的人生价值贯穿于整个生命中。

当今世界，科技发展日新月异，经济发展越来越全球化，政治发展越来越多元化和多极化。和平发展的中国如何能够实现中华民族的伟大复兴？希望寄托在你们身上！你们将要面对纷繁复杂的国际形势、将会面对各种复杂交错的矛盾和问题。请你们不要忘记中南精神和中南的价值判断与价值选择，那就是“志存高远、敢为人先”以及“向善求真、唯美有容”。

没有选择和判断就没有文明和进步，没有向善和求真就没有道德和慈悲，没有反省和自我批判就没有智慧和创新！

忘记了善，就会为恶！忘记了真，就会成为假！忘记了美，就会不知羞耻！忘记了有容，就会变得狭隘！忘记了爱，就会有恨！

选择无处不在，选择无时不在。在你们即将放飞梦想的时候，在你们马上就要步入这个伟大社会的时候，亲爱的同学们，你们准备如何做出你们的选择？

当面对弱小和无助者时，你是心怀同情、尽力帮助还是欺负和嘲笑？当面对邪恶和无道者时，你是奋起抗争还是躲避顺从？当面对金钱和财富时，你是取之有道还是贪婪无厌？当面对权力和地位时，你是一心奉公还是不择手段？当面对贫穷和劳累时，你是努力向上还是自暴自弃？当面对法律和规则时，你是敬畏和遵守还是无视并践踏？当面对国家和人民时，你是奉献还是索取？当面对家庭和朋友时，你是感恩还是背叛？当面对知识和学问时，你是学习还是懒散？当面对失意和失利时，你是选择坚强还是沉沦？

这些都是你们在未来面对的选择，你们会选择什么呢？

人间正道是沧桑，中南人永远都有中南人的选择。有的中南人为了攻克一个科技难关，冒着生命的危险，选择了向现代科技发起艰难的挑战；有的中南人面对国外的优厚待遇却毫不动摇，毅然选择回国奉献；也有中南人通过不断的奋斗，创造了一个又一个科技神话……这些中南人代表着“志存高远、敢为人先”的中南精神，代表着中南人在祖国社会经济建设和发展中的奋斗精神！

虽然有人说现在是“拼爹”的时代，虽然前面的征途充满了坎坷和艰难，但是，无论你们是从政、经商还是治学，无论你们是就业还是创业，无论你们是留在中南深造还是奔赴祖国各地，请你们都记住自己的价值判断和价值选择。

每个人的人生都有不同的选择，我认为人生应该有 5 维坐标：名、利、情、义、幸福。我们平时讲的最多的是出名和争利，后面几个坐标提的少。前面这四个坐标都是跟他人有关的，只有最后一个幸福是与自己有关的，所以，如果你选择的是你觉得幸福的，那为什么不去选择呢？重要的是要规划好自己的人生，有自己的价值判断。

请你们时刻记住：不要问别人为我做了什么？而要问我为别人做了什么？

“在一起”的力量

——在2014届毕业生毕业典礼暨学位授予仪式上的讲话（2014年6月18日）

现在的时代是一个以移动互联网和大数据等新技术为特征、社会各方面都在急剧变革和发展的时代，也是一个中国快速崛起的时代。技术的发展和进步带来了全球化的深入发展，带来了世界上各种文化和思想的急剧冲突与碰撞，带来了军事、政治和经济活动之间前所未有的激烈竞争，这使得人类的命运更加休戚与共。同时，这也增加了一个民族和文化被弱化甚至被消亡的风险。

我引用狄更斯的话来说说这个时代：这是一个最好的时代，也是一个最坏的时代。中华民族要在这样的时代迈向伟大复兴，就需要大家在一起，保护家园，精忠报国！如此重任落在了你们的肩上！

当然，你们比我们更有知识、更有国际视野、更有平等和民主意识，但你们面临的挑战同样也会更严峻、局面也将会更复杂、压力也将会更强大。

在错综复杂的国内外形势面前，你们用什么来磨炼自己的意志？用什么提升自己的勇气？用什么来坚定自己的信心？用什么来排解自己的委屈？用什么来融化自己的冷漠？用什么来浇灌自己的爱情和保护自己的家庭？用什么来报效自己民族和国家？

对于这些问题，每个人都有不同的答案和不同的选择。但是，作为刚踏入社会的本科生、硕士生、博士生，我建议无论是就业、创业还是继续深造，你们都要先踏踏实实努力工作、站稳脚跟。你们要努力学习，尽快适应这个社会并引领这个社会。要记住，吃亏是福，奉献和帮助别人才能得到最大的快乐！

人的一生有诸多波折，能否顺利地度过逆境、闯过难关？这除了我们要有正确的价值判断和价值选择之外，还有一个更重要的因素，那就是“人和”。“人和”，其实质是看你们选择和谁在一起？跟着好人学好人，跟着巫婆跳大神。

1. 和爱人在一起

如果你和自己最爱的人在一起、和家人在一起，你的委屈会被排解、懦弱会被消除、信心和勇气会被提升，你会成为一个有责任感的人、一个有担当的人、一个心怀感恩的人、一个孝顺的人。

2. 和朋友在一起

单丝不成线，独木不成林。朋友是一生最大的财富，我们要和朋友在一起。有朋友的人就像大海一样宽广，没有朋友的人就像巴掌一样狭窄。朋友是你事业的基石、心灵的知音、穿越黑暗的伴侣，朋友可以融化你的冷漠，帮你解决遇到的困难。在你哭泣的时候，默默地为你递上纸巾。

3. 和国家与人民在一起

除了和家人、朋友在一起之外，还有一条更重要的就是要和我们的国家与人民在一起！中华民族历代的仁人志士都将和国家与人民在一起作为他们最光荣的选择。“三十功名尘与土，八千里路云和月”是名将岳飞做出的选择；“先天下之忧而忧，后天下之乐而乐”是北宋著名思想家、文学家范仲淹的选择；明代抗倭名将戚继光也用他的抗倭一生做出了自己的选择。今天，我们同样需要千千万万个岳飞、范仲淹、戚继光，而他们就在你们中间，他们的精神和思想就流淌在你们身上，你们要且行且珍惜。

没有爱的人就像没有水的沙漠，没有忠诚的人就像墙头上长的小草。这样的人永远不会成为社会的精英、民族的脊梁。

请大家记住：宽恕是最大的力量，仇恨是最大的敌人，学习是最大的武器，诚信是最大的资本，智慧是最大的成就，家人是最大的支持，朋友是最大的财富，而祖国则是我们最强大的后盾和最慈爱的母亲！

“在一起”是什么？在一起，是力量；在一起，是承诺；在一起，是责任；

在一起，是奉献。亲爱的同学们，学校希望你们带着自信、带着甜蜜的回忆、带着理想、带着中南精神离开中南！不同的旅程，将会有不同的故事。但风浪再大，你们也要勇往直前！同学们，母校永远是你们的家，母校永远爱你们，母校永远和你们在一起！

做祖国最需要的人

——在2015届毕业生毕业典礼暨学位授予仪式上的讲话（2015年6月18日）

漫漫人生路上，每个人都有自己的使命、担当和责任，每个人都有自己的价值标准、价值判断和价值选择，都有自己的梦想要去实现。不管你们去哪里，我只想说：只有当你个人的价值取向和国家需求一致的时候，你的人生才会大放异彩！

光荣属于那些为了国家利益勇于献身、为了保卫人民而愿意付出鲜血和生命的人！同学们，让我们做祖国最需要的人！

祖国是什么？祖国就是我们脚下的这片热土、就是我们头顶的天空、就是我们遥望的海洋！祖国就是我们血肉相连的人民！祖国就是我们五千年连绵不断的历史和文化！如何成为祖国最需要的人？

1. 坚持理想和信念

当今世界，虽然和平与发展是主流，但世界各地的局部战争从未间断，中华民族的伟大复兴面临着严峻而复杂的国际形势。近几百年中华民族的历史，基本上是一部受欺辱、被蹂躏的历史！但我们在中国共产党的领导下，千百万仁人志士献出了鲜血和生命打败了西方列强，树立了国威，有了今天中国的地位！

当然，我们国家的改革如今已经进入深水区。各种矛盾日益突出，社会竞争异常激烈。可以想象，你们面对的压力将会无比巨大！

但是，无论你们遇到多大的困苦与压力，无论你们遇到多么过不去的坎，我希望你们永不言弃，永远不要放弃对国家、对民族和对家庭的爱！不要放弃对光明的追求和信心！只有在最黑暗、最苦难的时候仍然坚持自己的理想和信念的人，才是最伟大的人。

“为天地立心，为生民立命，为往圣继绝学，为万世开太平。”这是北宋张载为读书人提出的理想。我说，只有心怀理想的人，才能意志坚定、心怀慈悲；只有心怀理想的人，才能胜不骄、败不馁，直面和承担苦难；只有心怀理想的人，才能抵御欲望的泛滥和社会的黑暗；只有心怀理想的人，才能一生坚守，不管高贵还是平凡！

2. 培育和磨炼好“四颗心”

为了面对这个充满挑战和机遇的社会，为了更好地担负起历史责任，我建议你们要以中南大学的精神与文化为基础，培育和磨炼好下面这“四颗心”。

（1）柔软的心

柔软的心似百合，以智慧为水、以慈悲为泥，不断浇灌和培育，就能妩媚开放。有了这样的心，无论高官巨富，还是弱小平民，我们都可以一视同仁，以友善的态度去平等地对待和关爱他们。

（2）坚强的心

坚强的心似木兰，以苦难为水、以宽容和宽恕为泥，不断浇灌、不断培育，就能不断开放。

人生的苦难要大大多于成功和欢乐。哪怕是一个微小的成功背后，都有一个克服苦难的艰苦历程。唯有战胜苦难者，才能到达成功的顶点。因此，我们要舍得吃苦、勇于吃亏，更要不怕受委屈。工作累一点，待遇低一点，条件差一点，这些都不算什么，我们就把它当作成长过程的一个磨炼吧！

我不吃苦，谁吃苦？我不受难，谁受难？我不受委屈，谁受委屈？我不下地狱，谁下地狱？

坚强的心不仅在于吃苦吃亏，还在于忍让、宽容和宽恕。宽恕的力量是无法比拟的。没有委屈、没有迷茫、没有挣扎、没有误解、没有艰辛、没有痛过，就不叫青春，就不叫人生。

坚强的心还在于不放弃、不背叛。人生大部分的时间可能在艰难和危机中度过，放弃和背叛是很容易的。但是，我相信你们绝不会放弃，也绝不会背叛！

危难成就英雄，但一事一事的累积、一生都坚守的人，显然也称得上是英雄。要相信，在你人生的道路上所碰到的任何苦难，都将化作你心中的光明和火焰，去照亮你人生的道路，去传播慈悲的温暖。

（3）光明的心

光明的心就像高山上的雪莲花，让我们用开心和快乐来培育它！当你内心光明，世界就没有黑暗。让我们时时刻刻心向光明，时时刻刻不忘正能量。要记住：世上事，岂能尽如人意，但求无愧我心！

（4）忠诚的心

作为注入社会的新生力量，我希望在你们面前全是鲜花和坦途，但人生之路免不了会遇到很多的艰难险阻、坎坷磨难。你们每个人的成长道路都不相同。但是，无论是居庙堂之高，还是处江湖之远，我希望你们都要记住忠诚、记住坚守。

这就要求你们要有一颗对国家、对民族、对家庭无限忠诚的心，忠诚的心似向日葵，让我们以爱和信仰来磨炼它！

真正的力量，源自内心。内心的光明，源自对祖国和人民的无限忠诚。在美国林肯纪念堂的南侧墙上，镶刻着这样一句话“Freedom is not free”，这句话的含义是“自由并非无价”。中国的历代知识分子和仁人志士，也都是把国家利益放在自己人生价值的最高位置。“人生自古谁无死？留取丹心照汗青”“苟利国家生死以，岂因祸福避趋之”，这些都是古人对国家忠诚的最高表现。

如今，中华民族伟大复兴的关键一棒已经传到你们手中，你们要为中华民族的伟大复兴、要为祖国的富强而奋斗！无论前途千难万险、万丈深渊，我们一起视若等闲！为了祖国的需要，让我们百折不回、勇往直前！

一事专注，便是动人；一生坚守，便是深邃

——在2016届毕业生毕业典礼上的讲话（2016年6月18日）

“一事专注，便是动人；一生坚守，便是深邃。”在你们即将离开学校的时候，我把这句话送给你们。我希望你们带着爱、带着忠诚、带着坚持、带着中南给予你们的知识、力量和价值高飞，让中南的红旗永远在祖国的大地上高高飘扬！

作为中南大学注入社会的新生力量，我希望你们的面前全是鲜花和坦途。但在人生之路上，你们难免会遇到很多艰难险阻、坎坷磨难，你们每个人的成长道路也不尽相同。但是，无论你们是居“庙堂”之高，还是处“江湖”之远，我都希望你们能够记住忠诚、记住坚守。

现在，你们准备好用你们的爱去扶持善良、对抗邪恶了吗？你们准备好用你们的忠诚去保护这个拥有五千年文明史的国家、去保护你们的家人和朋友、甚至是去保护那些素昧平生的同胞了吗？你们准备好用你们的所学竭尽全力地去建设我们这个发展中的国家了吗？

当坚守得精疲力竭、实在想放弃时，你们一定要对自己说：让我再坚持最后5分钟。人生大部分的时间可能在艰难和危机中度过，放弃和背叛是很容易的。但是，我相信你们决不会放弃、也决不会背叛！

你们要相信，在人生的道路上你们所遇到的任何苦难，都将化作你们心中的光明和火焰，去照亮你们人生的道路，去传播慈悲的温暖。

人来到世间，应该要有理想。“为天地立心，为生民立命，为往圣继绝学，为万世开太平。”这是北宋张载为读书人提出的理想。

我说：只有心怀理想的人，才能意志坚定、心怀慈悲；只有心怀理想的人，才能胜不骄败不馁、直面苦难；只有心怀理想的人，才能抵御欲望的泛滥和社会的黑暗；只有心怀理想的人，才能一生坚守，不管高贵还是平凡！

“一事专注，便是动人；一生坚守，便是深邃。”让我们一起坚守，一起承担！

中国，有我！

读书不觉爱已深，一寸光阴一份情

——与升华读书社同学交流（2012 年 4 月 12 日）

所谓读书，其实就是作为一个读者，你怎么去看书中的描述和它中间的一些故事的过程。

有人说过生活有 3 个层次，第一是物质的生活，第二是精神的生活，第三是灵魂的生活。在这 3 个层次中，第一个层次是不需要读书的。挣点钱，能买点米、种点菜，就可以过日子了，这就叫柴米夫妻。在这个时候，你的生活欲求是很低的，有点吃的，就能安心生活。但从第二个层次开始，就是精神的生活，与读书脱不开干系。一读书，人的脑子就变复杂了，每个人对书中所讲的内容有不一样的理解，有不同的看法。你认为是这样，他认为是那样，思想就开始碰撞。即使是同一句话，因为人的自然语言有很多模糊性在里面，而且每个人的解释不一样，问题就多样化了。它不像计算机的语言，计算机的语言是一条一条执行的。即便是同样的一个人，在不同的时间读同一本书，理解也可能不一样。所以一些书要反复读，要从不同的角度读，就是这个道理。

1. 读书的 3 个层次

有人认为读书也可以分为 3 个层次：第一个层次，用诗词来说，就是“孤舟蓑笠翁，独钓寒江雪”。这是一种自我境界，将全身心投入看书这件事上，不去管别人的事情，这一层次仅局限于你认真地读书、体会里面的故事。

紧接着就进入了下一个层次“采菊东篱下，悠然见南山”。读书要有在田间小路散步的感觉，不要把书中内容太当真，全当是历史的美好神话，或者是不当真但又能从中得到一些东西。这个层次就和第一个层次不一样了，在第一个层次中，你可能把蓑笠翁的故事当那么一回事，到第二个层次，书中故事的重要性就降低了。

再往后便是第三个层次“会当凌绝顶，一览众山小”，把书当作你使用的工具，让书中内容为你所用。

大家学习过历史唯物主义和辩证唯物主义，所谓唯物主义，就是物质是第一性、精神是第二性，精神和物质是可以转变的。那么历史唯物主义是什么呢？我觉得就是你看问题，要从过去的经验看、长远地看、历史地看。

辩证唯物主义又是什么呢？我个人觉得就是要从不同的角度去看一件事情。例如找对象，你站在自己的角度，可能会认为你找的那个人好得不得了。但如果你换到父母的角度，就会发现两个家庭的问题、工作的问题等。这时候，你的看法或许就变了。如果能从不同的角度去看事情，又能想想过去的经验是怎么回事，理解问题就会比较全面。

很多学生的社会经验几乎为零，是一张白纸，所以还谈不上用历史的和辩证的眼光看问题。但是，我们可以去学习别人的经验，这需要多读书。而且，光看一本书还不行，我们需要读很多书，从不同角度去读书。

2. 历史的几个写法

历史为什么会“说谎”？这涉及很多因素。单纯地从语言的角度来探究，就要从历史的显象说到历史的话语权问题——历史书由谁来写以及怎么写的问题。

在我看来，历史有几个写法：一个是写历史的人本身不想把历史写真实，一些御用的作家就是如此。他们会从统治者的角度来写历史，许多真实的东西就被取舍了。

还有一个就是写历史的人由于所属的位置的局限，不知道某些事情的真相，所以没有将其写进去。比如说，受所处地域和时域的限制，作者和史实没有交集，真实故事他不知道，只能根据听说的东西来写。就拿司马迁写的《史记》来说，历史上那些发生过的事情，他并不是全都知道的。他只能依靠当时流传的信息和自己所了解的情况去写历史。所以，从这个角度来说，司马迁所了解的历史也不一定是完全正确的，因为他并没有从其他的角度或者更广、更深的角度去掌握和处理那些信息。这就造成了我们所说的某些历史书籍“说谎”。

3. 学会追寻历史的真实

每一个作家都有自己的世界观，所以作为一个读者，我们需要去读懂书后的东西。我们拿《水浒传》来说，作为中国四大名著之一，在里面我们可以读到一个很有意思的事情，就是江湖的语言、江湖的规则大于政府的规则、大于法律。

> 生辰纲是地方官员供给朝廷的礼品，但是7个好汉把它抢走了。当时政府也知道这件事，也知道是哪几个人干的，要把这几个人抓起来，但是最后没抓着。这里有一个通风报信的人，那就是宋江。宋江当时是县政府的官员，县政府的官员知道国家机密，然后把消息透漏出来，通知那几个好汉赶紧撤离。林冲、卢俊义等人也是如此。这就反映了江湖义气和政府法律的矛盾。

我们可以不管那些历史是不是真实的，但是《水浒传》从始至终贯穿了造反精神。作者所处的朝代已经到了分崩离析的程度，人们呼唤江湖义气、反对政府法律，希望用充满江湖义气的“势力”来代替“政府”。政府官员也是如此。通过看《水浒传》背后的故事，我们就能明白当时的政府已经快完了。读书，我们要读到这本书背后作者真正想表达是什么？这才是有意思的地方。

我再向大家推荐一部非常经典的历史小说《德川家康》，一共有13卷。这本书比较真实地反映了日本的民族、文化、民族特征以及现在的日本为什么会是这样的。我们甚至可以拿它和《三国演义》做比较，因为每一本名著都是一个民族特点的具体反映。

> 《三国演义》第五回“温酒斩华雄”，写关云长出场，整篇文字不到200字，但是气势出来了。它写到，当时十八路诸侯在汜水关前被董卓的大将华雄打得束手无策，几个大将都被华雄打败了，无人再敢应战。这时还是一个马弓手的关羽自告奋勇：“愿往斩华雄头，献于帐

下。”曹操力排众议，坚持让关羽出战，并教人“酾热酒一杯，与关公饮了上马以壮行色”。于是，关羽停盏施神勇，温酒斩华雄，立下了“威镇乾坤第一功”。

这里面有着浓重的个人英雄主义。整个《三国演义》贯穿着个人英雄主义，诸葛亮、周瑜、曹操、关羽、张飞都有这种个人英雄主义。它讲忠诚、讲智谋、讲个人能力，但它缺少一种国家的大义、民族的大义，缺少一种为人民而奋斗的责任感，书中打仗的宏大场面基本上都是靠一两个将军解决战斗的，和多少万大军没多少关系。

但是《德川家康》不一样，它讲的是忍耐、忠诚、和平。这套书讲述了德川家康作为乱世终结者和盛世开创者曲折传奇的一生，讲述了德川家族在战争与权谋的斗争中如何忍耐、奋斗，最后脱颖而出，开启太平盛世。德川家康的忍耐和奋斗主要是为了民众。他的忍耐精神在某种程度上是日本民族精神的一种，而日本的织田信长和丰臣秀吉则代表了日本民族好战的一面。可以说，忍耐与好战是日本民族的两种精神。在日本强大的时候，好战的一面就显现出来了；在遇到困难、快要灭亡的时候，忍耐的一面就出来了。所以去理解这本书后面的历史故事时，不要只局限于某种真与假，而要通过书中的历史去进行比对发现问题，然后有所收获。

此外，著名作家唐浩明写的《张之洞》《曾国藩》《杨度》也是非常不错的几本书。通过读《张之洞》这本书，我知道八国联军烧掉圆明园当然是犯罪，但是八国联军那么少的军队能攻打到北京城，也的确是我们的羞耻。

当时，日本有明治维新，清朝有百日维新，结果清政府杀掉了谭嗣同、杨锐等戊戌六君子。进而，慈禧太后要废掉光绪皇帝，她征求当时洋务派的两个重臣张之洞和李鸿章的意见，张之洞、李鸿章建议她征求一下各国大使馆的意见。各国大使馆都表示不同意废掉光绪皇帝，说只知道光绪，不知道别人。为什么？大家可以去看书。

慈禧太后没有强行把光绪废掉，因为她害怕洋人再次攻打。但是，她立了个大阿哥作为太子，并希望外国的使者来参加立太子仪式。结果外国使者都拒绝了慈禧的邀请，所以慈禧非常生气。在某种程度上说慈禧也是改革的，吃西餐、用抽水马桶都是从她开始的。但是洋人不支持她废除光绪，她应该是很生气，并想找个办法教训洋人一下。

恰巧这个时候，在山东、天津等地出现了义和团。山东的义和团被袁世凯镇压了，而天津的义和团则被慈禧借用去教训洋人。慈禧接见了义和团，还授了牌，慈禧身边的宫女、太监也加入了义和团。北京城里的老百姓一时以加入义和团为荣，所以，当时义和团最强的势力就在北京城——这个洋人最多的城市。最强大的义和团开始在北京城攻打洋人和洋人们的大使馆。

慈禧向八国下了战书，调动十万人围攻各国大使馆。但是清政府的军队打了一个月，一个大使馆也没攻打下来。后来，八国联军仅用在中国境内的三万军队就把慈禧打得落花流水。这场战争，以慈禧出逃和清政府赔偿四亿三千万两白银结束。

当时八国的态度是：不要慈禧下台，但要慈禧听他们的话。战争给我国带来了巨大的灾难。在列强的烧杀抢掠中，中国的文化被破坏，人民受尽苦难，国家沦落成半殖民地半封建社会。

所以，我觉得，历史书中透露出来的内容是非常丰富的。但不同观点的作者会有取舍地描述历史，所以，我们读书是一个不断辩证的过程。历史是辩证的，读史的过程也应该是辩证的。

4. 对“群众的眼睛是雪亮的”的看法

在读书时，我们会发现一个有趣的现象。比如，从《莺莺传》到《西厢记》，同样的人物，不同的主题，不同的结局——一个故事的流传衍变反映和折射出大众对社会主流价值导向的趋从。这在我们的现实社会中可以找到各种相似与耦合，就如 2013 年日本核电站泄漏事件后，民众对“专家”、媒体的盲从。于是，不少人开始质疑“群众的眼睛是雪亮的”这句话的正确性。

从我的观点来说，笼统地讲“群众的眼睛是雪亮的”肯定是不对的。但是在一定条件下，这句话就是对的。我们讲这句话，用的最多的是在破某个案子的时候，对于与这件案子有关的群众，他们的眼睛是雪亮的。在大数据没有建立起来时，从福尔摩斯到现在最出名的刑事侦探，他们破案过程中很重要的一条就是走访群众，寻找证据链。在这种情况下，群众的眼睛就是雪亮的。但是假如这个案子发生在长沙，你却去天津调查，这样的情况下，眼睛肯定是瞎的。

从信息传导的角度讲，群众是受体，你说他的眼睛是雪亮的，是不对的。但是如果你把掌握这个知识的人，也称作群众，那么这句话就是对的，因为他知道这个知识。所以，关键还是看怎么定义“群众”。

那么，要怎么让你的眼睛变得雪亮呢？我觉得，要多读书，多长知识。读书，不但可以让你的眼睛变得明亮，而且会给你智慧。

5. 社会为什么需要知识分子

整个社会可以分为两类人，一类是所谓的精英，另一类就是“草根”。社会知识的提炼和传播依靠精英，而造就文化的是“草根”。

一本书，被千万人读会影响着千万人，但是这本书的内容，只是作者的观点。为什么我们读到半夜鸡叫这个故事会觉得有亲切感？这是因为我们可能就处在这个阶层，我们想说的话，作者说出来了。

社会中总是有“草根”和精英。“草根”是辛苦的，文化是靠精英传承的。为什么要上大学？大学为什么要有大学精神？大学应该保持一种良知、保持正义、保持文明的传承。不能因为某种权利或者某种力量，使得你对正义和良知的传承发生改变。如果公平、正义、良知得不到传承，人类离灭亡就不远了。

6. 物质和精神

佛教中有一句话：须弥藏芥子，芥子纳须弥。须弥，指的是古印度神话中的名山。在佛教中，它是诸山之王，就是大千世界。而芥子是芥菜的种子，是极微小的东西。在这样微小的一个东西里面，可以藏着须弥这样一座大山，须弥大山也等同于芥子。

对于大家困惑的文学作品中礼教与人性的冲突、现实与理想的矛盾等问题，我觉得，所有的问题如道德、三纲五常、人性，并不是矛盾的，就如同须弥和芥子一样。刚才有同学提到，在新中国成立以来我国在不同领域均有巨大进步，如果将这些问题放到“须弥”山中、放到大背景下，我们就可以理解为，这是中华民族在近代的100多年的历史进程中，怎样在推翻了帝国主义、封建主义和资本主义三座大山之后，为了让全体中国人民过上幸福生活而付出的努力。

你要进步，唯有学习，甚至是很长时间的学习。但是很多人是不学习的，所以就需要有约束。用什么样的办法约束自己呢？大家可以想一想。

现在，精神生活多了，物质生活够了。但是我们反问一句，这样的感觉又怎么样呢？我们要解决人的温饱问题，但是温饱问题只是人性问题的一个部分，不是全部。

第2次工业革命到底是人类的进步还是倒退？在人类社会进行第2次工业革命之前，许多社会问题是没有的，如人口的大规模增长、环境的破坏、热兵器战争等。现在宗教、战争、环境、疾病等很多社会问题都出现了。我们人的平均寿命的确是提高了，但是，提高我们自己的寿命其实是在缩减子孙后代的寿命。地球的资源是有限的，这一代人拼命消耗资源的时候，多年后的子孙一定是没有资源的。人类一面在造福子孙，另一面在毁灭子孙。

今后的世界，等着我们去面对。怎样面对？需要我们学习。而读书，则是重要的学习手段之一。

关于大学教育：扎根中国大地，办“世界一流大学”

中国高等教育现存的七大问题

——在学生座谈会上的讲话（2011 年 11 月 7 日）+在教育部 2015 年高校学生工作专题培训班上的讲话（2015 年 5 月 19 日）

在我们国家，历来是以国家利益为第一位的。

新中国成立初期，第一代知识分子的价值取向和国家利益保持高度一致。当时国家百废待兴，需要建设一个繁荣富强民主的新中国。这些知识分子完全不在乎个人利益，他们为了国家的利益去奋斗，打下了新中国的工业、农业基础。这些知识分子在这个过程中也得到了个人的升华，奠定了历史地位。

在改革开放初期出现了第二代知识分子。这一代知识分子不管是出国留学的还是在国内深耕的，当时都为了改革开放，为了实现四个现代化而不懈努力。这一代知识分子的个人价值取向也是和国家利益保持一致的。他们为了中国能赶上西方，使中国走上有特色的社会主义道路，付出了很多努力。到了第三代，20 世纪 90 年代到 21 世纪初，这一代也为国家的振兴做出了重要的贡献。

现在我们的国家由大变强了，这需要我们的知识分子进行新的努力。现在的国家利益是“中国梦”，是实现中华民族的伟大复兴。我们的第四代知识分子和一流大学建设共同汇聚到了这个旗帜之下。

有人觉得现在学生的工作越来越难做了，为什么？这里有许多原因，但我个人认为，个人价值取向如何与国家利益一致？怎样在社会主义市场经济条件下实现个人价值？这是当前学生面临的重要问题，也是学生工作难做的重要原因之一。

我们读大学时没有这么多的辅导员，也不上这么多的思想政治课，但是我们还是非常热爱我们的党、我们的国家。这是因为我们的价值取向和国家利益是一致的，就是为中华民族的崛起而读书。

现在是社会主义市场经济。一边是经济大发展，中国成为了世界经济大国；另一边则是中华民族许多传统的底线被突破，很多正义和良知的东西被谩骂和嘲笑，很多丑恶和肮脏的东西反过来被赞美和宣扬。价值标准、价值判断和价值取向的偏离在大学教师和学生身上的反映越来越多。这个时候再来做学生的工作，难度自然越来越大。

大学是传承人类文化和良知的地方。一个国家会灭亡，但只要这个国家的大学不亡，这个国家就可以复兴。

一个社会哪里都可以出问题，但大学绝对不可以出问题。为什么呢？因为社会出了问题之后，大学有源源不断的优秀人才走进来、送出去。如果这些优秀的人才在大学得到了良好的培养，他们走出去后会把那些出问题的地方更改过来，引导社会向好的、正确的方向发展。但是大学里如果出了问题，培养的这些人才的价值观出了问题，那就会出大问题！

大学要传承良知和文化，大学的老师和管理者也必须是有文化和良知的人。这些人在大学，用他们的文化和良知洗去刚进大学的年轻人身上的缺点和戾气，再把优雅和善良铸进大学生的灵魂。当大学生们毕业走向社会后，他们会把在大学学到的文化和良知带入社会并去改造社会。如果我们的老师和管理者做不好，则恶的文化和丑的东西也会被学生们吸收，他们也会把恶的和丑的东西带到社会，并使这个社会变得丑恶！这时人类将会失去良知，文明将会因此倒退。所以我说大学无论什么时候都要把培养学生放在第一位，把价值塑造放在第一位。

近年来我们国家的高等教育取得了很大成绩，这主要体现在两个“量”上：一个是受大学教育人数的“量”上去了。原来享受大学教育的人很少，现在享受大学教育的人越来越多了。另一个是论文的“量”上去了。我们国家，科研方面在国际上发表的论文数量已经是世界第二，其中70%以上的论文都是在大学发的。

虽然这几年高等教育发展成果喜人，但是我们国家的大学还是隐藏着很多的问题，这也是我从事高等教育这么多年一直在思考的一件事。下面我列举几个方面的问题。

1. 在市场和计划的制约中求生

这几年来，中国的大学一直在市场和计划的制约中求生。这主要体现在以下几个方面：第一，招生是计划的，每年招生的人数都是定好的，让你招多少就招多少；第二，选人是计划的，统一高考、统一录取；第三，后勤也是计划的，比如学费、住宿费、餐费等，都是事先定好要收多少钱。

基建是一个典型代表。学校做一点小的修缮，都要报批教育主管部门、地方的住建厅、规划局等，上上下下需要办理很多手续。人们常说高等教育的很多地方还有计划的影子，对整个教育也形成了很大的制约。

企业选人用人是市场行为。毕业生可选的职业、所学的知识体系，都是随市场变化的。另外，学校本身就是社会这个大市场的一部分，食堂的原材料是市场价采购，必须以计划的价格卖出，其中的差价要由学校补贴。

2. 规则程序意识淡薄

有人曾经一针见血地指出，中国式的小聪明往往就体现在规则程序的意识淡薄上，有些人自以为是、我行我素，不愿遵守社会中的条条框框，小至规则，大到法律。这种情况在部分高校中也是存在的。

部分单位和个人存在自我放松的做法，缺少一种现代化的、规则治理的文化。二级单位也好，学校也好，都可以找到很多不按规则办事的事例。不是谁故意要犯错，而是忽视规则造成的。客观上没有研究透政策，执行中遵守不到位，时间越久越容易出问题。

举一个中南大学某部的例子，也算是自曝家丑。这个部门原本出于为学生做好事的考量，特意建了一个读书网，把他人的网络小说下载到了这个读书网上，提供给学生阅读。很不幸，这侵犯了别人的知识产权。对方发现我们侵权了，就发来律师函，要求我们关闭这个读书网。

按理说，只要把这个读书网关了就行了，但这个部门的同志却并没有在意。那家公司发了几次律师函也不起作用，又表示要来学校谈。我们的人也不和人家谈，直接把来信扔掉了。对方无奈之下，便告到了法院。法院传票来了，通知我们出庭。结果，我们的同志又把法院来的传票丢了。最后，是缺席法院判决，学校负责全面赔款。

类似这种自以为是的做法，恰恰说明了当前我们需要不断增强高校规则程序的意识。现在进入数据时代，做的任何事情都不会轻易流逝或淡忘，而是会长久地记录在案。现在不守规则，今后付出的代价会很大。

3. 只追求学术效益，不注重社会效益和经济效益

有一年，学校的预算是自己一笔一笔审核的，仅后勤一块我就审了 3 天。结果是将后勤部门的预算压缩了将近 1 亿元人民币。

一般来说，学校是花钱的主体，财务处长不会看那么细，校长也不会看那么细，主要是使用单位报、常委会和校务会过目审核，最后便把钱花出去了。这种做法，无形中浪费了很多钱！

我们的大学，什么时候才能不仅要花钱，还会省钱？

4. 教学、科研和学科的“3 张皮”现象

大学里通常存在一个比较大的问题，就是教学、科研和学科互不相融。教学、科研和学科分别代表着 3 个部门，分别是教务处、科研处和研究生院。这 3 个是学校的业务核心，都是很重要的。实际上这 3 个是一体的，但是很少有大学把这 3 个部门团结到一起，拧成一股绳。

对于这种情况，中南大学进行了一系列改革。例如，我们将科研和教学的实验室，都对本科生开放，开放的算绩效，不开放的就没钱，这是经济的办法。还有，在研究生的数量方面，我们按照学校的科研经费和科研成果来分配招生指标，把科研和研究生的分配政策融合在一起，没有科研经费就没有研究生。过去，学校在分研究生时规定博导一定要带一个，跟科研没有关系，将招生和科研经费挂钩以后，学校把招生权和培养权全部下放给导师，只要考生的分数过了学校的基本录取线，录取谁都由导师做决定，不再按分数排名。

最主要的是，科研、教学和学科都要以人为本，把这三者统一成教授的学术活动，并用绩效分配的杠杆调控他们，使人的作用发挥到最佳。

在教学方面，学校确保绩效奖金以教学为主发放。我们先后做过两次调整，开始将教学和科研的绩效比例定为 9：1，10 块钱的绩效奖金，9 块钱给教学，1 块钱给科研。后来，科研人员有意见；于是我们调到了 8：2，就是 10 块钱的绩效奖金，8 块钱给了教学，2 块钱给科研。

这是什么概念呢？比如说要涨 1 亿元的工资绩效，8000 万元是属于教学的。这 8000 万元的绩效增量，是分配给全校的总课时量和实验的课时量。然后进行分类，按课时计算，分别打包给每个学院。学院负责多少课时，就会把多少钱打过去。

剩下的 2000 万元属于科研。为什么科研的这么少？因为科研从某种程度上讲，成果主要是教师自己的，教学主要是做奉献。教授的每篇论文，署的都是自己的名字，得的奖也全是自己的。除此之外，科研绩效的部分也都属于教授自己。这样做的好处是大大带动了那些科研教授的教学积极性，他们会全力争着去上课。

在中南大学，每个教授都会上讲台，而且现在都是教授自己主动要求上讲台。如果他不上课，就没有教学绩效。虽然很多教授并不在乎钱，但面子上也过不去。如果学校发现有教授没有去上课，我们就会按百分之一的比例扣全院的绩效，不扣个人。这样一来，这个学院的院长和书记就会负起责任。学校的政策都是对事不对人的。这是一整套的政策，学校给的绩效越高，教授们越愿意去上课，我们就逐步把教学和科研结合起来了。

此外，我们还把所有的一级学科、二级学科全部收回到学校。原来没有博士点的院系，想要申请博士点是很难的。一级学科划归学校后，我们就可以按教授水平设置学科。

以中南大学文学院为例，只要文学院有一级学科，其他任何一个学院里有研究文学的，都可以挂文学院二级学科的博士点，博士生毕业的时候都可以被授予文学相关专业的博士学位。

这些年，我们在这方面做了一些改革，还在不断探索，主要是去理顺教学、科研和学科之间的关系。

5. 部分教师水平不高

目前，国内高等院校的部分教师水平不高。真正能在国际组织、国际会议上说得上话的教师很少，能解决国家问题、推动产业发展的教师也很少，真正受到学生欢迎和喜爱的教师更少。这些教师本身水平就不是出类拔萃的，同时又缺乏主动提高自己水平的意识，这就造成了部分教师水平低下。

此外，有的学校不重视使用人才和培养人才，使这些人缺少了对学校的向心力，这样就进一步造成了整体水平下降。

来看一看新加坡管理大学，这所大学自建立至今，还不到十几年的时间，但它在不同的管理学科评估里，都是亚洲第一。新加坡管理大学是一所纯文科的大学，他们的教师人数很少，学生却不少。它为什么有这么高的水平呢？有许多原因，但高水平教师是最主要的一方面。他们和沃顿商学院合办，并在全世界高薪聘请教师。

他山之石，可以攻玉，我们也要提高我们的教师待遇。在提高待遇的同时，我们必须加强师资队伍的师德建设。如果教师没有好的师德，又不善于学习，再高的待遇也是徒劳的。

6. 有些学生学习动力缺乏/学生学风待加强

学生经受了长期的高考压力，身心俱疲，到了大学就容易放松，很多人甚至抱着“放羊”的心态来读大学，这件事情很是让人头痛。

我们一直在苦恼一个问题，要不要晚上熄灯断电？如果我们不断电，有的学生会通宵玩游戏上网，影响其他学生休息；如果我们断电，这些学生会反过来说我们侵犯他们的自由。

很多学生在上大学之前很努力，上了大学就不用心学了。现在考试不作弊不正常，作弊才是正常的，甚至有时候谁没作弊还会被其他同学取笑。另外，个别的监考老师也会帮着作弊。

为了解决这个问题，我们除了加强教育、多配监考老师外，还在软件学院做实验测试，实行无人监考。学生们不是经常作弊吗，我们就不监考，直接让学生自己考。教室里装上摄像头，没有人监考。每个学生都要写保证书，如果发现作弊就开除。如果有人举报，这时我们就会去调看录像，发现有作弊的就开除。这个方法还是不错的，我们到现在坚持了两年。

7. 管理的行政化趋势

这里我主要介绍一下党政一把手的关系问题。党政一把手的关系问题，几乎是每个学校都头疼的问题。

党委领导下的校长负责制是中国高校的办学原则和特色。现在有些学校的党政关系时有紧张，其核心还是对这个原则的理解和执行有不到位的地方。我个人认为，党委领导下的校长负责制，是党委要领导，校长要负责，党委的领导是集体领导。

在集体领导中，书记是班长，负责召集常委会、审定议题、组织开展党委的日常工作以及与所有常委进行沟通的工作。校长全面负责学校的行政工作，但是，负责不等于个人做主、不等于不报告、不请示、不商量。不仅“三重一大”要报告书记并上常委会讨论，其他事项也应该和书记多商量、多报告、多沟通，尽量取得一致意见。而且，对于书记的指示和意见，哪怕自己有不同意见，也要对其尊重和重视，切不可不理、生气或反对。反过来，书记对校长也是一样。两人要通过讨论和协商达成一致意见，这样事情就容易处理了。

书记和校长合作好的前提条件是两个人都要正派。

如果学校的学科做不好或行政上出了问题，这个责任首先应由校长来担。因为校长是行政负责人，是一线指挥者，是学校的法定代表人。对于学校的人、财、物，校长每一个都要上心。国家审计的时候主要审计校长。因此，钱一定要花好，人一定要管住。

总之，书记、校长和其他校领导班子成员的团结，是学校健康发展的最重要保证。没有团结，学校的发展就会出现大问题。

一流大学："中国之灵"与"中国之肉"的高度统一

——光明日报刊文（2016年5月3日）

教育兴则国兴，教育强则国强。中国对建设"世界一流大学"一直都寄予厚望，希望通过世界一流大学的建设来提升我国的高等教育发展水平，进一步增强我国的核心竞争力。

在办大学这件事情上，我们走过很多弯路。以前，我国高等教育发展模式可以说是多种模式的交错和并存，这主要包括苏联模式、延安模式、美国模式等。

其中，分布格局、学科专业设置、资源配置方式、行政化的教育管理体制基本受苏联模式影响。这种模式有强烈的专业教育意识，同时强调高等教育的政治性和意识形态作用，强调政府对高等教育高度集中领导和刚性管理，强调以计划模式作为高等教育发展的调节机制。

延安模式从本质上讲是以政治论为中心的教育模式，当前高等教育的学制、学校内部管理体制、教学计划、教学内容、教学组织、教学方法等许多方面，基本延续了延安模式。

改革开放后，美国模式对中国高等教育的影响最为深刻，现在我们谈及的现代大学制度、大学办学自主权、大学科研—教学—服务功能的完善、人才培养模式的创新等议题，都来源于美国。因而出现了不同模式的相互影响和相互制约，不同的组合要素在高等教育的高速发展中纵横交错。

《中华人民共和国高等教育法》明确指出："高等教育必须贯彻国家的教育方针，为社会主义现代化建设服务，与生产劳动相结合，使受教育者成为德、智、体等方面全面发展的社会主义事业的建设者和接班人。"党的十八大报告进一步明确："把立德树人作为教育的根本任务，培养德智体美全面发展的社会主义建设者和接班人。”

但是，我们现行的高等教育实践，一定程度上背离了这种价值期望。正如北京大学教授陈平原所言：“20 世纪中国思想文化潮流中，‘西化’最为彻底的，当推教育，尤其是高等教育。”特别是改革开放以来，中国大学办学理念、办学模式、培养体系、治理创新都受到美国经验的影响。

这些办学方式和我们的目标是有偏差的，我们应该建设属于自己的“一流大学”，那围绕什么来建设呢？

1. 一流大学的精神内核

在办学理念的实践上，中国大学至今尚未进行深入且全面的思考。我们所说的建设“世界一流大学”，更多的是在考虑大学的外在形态，包括办学条件、办学经费、科研成果、师资力量等，而未真正去思量“世界一流”的精神内核。哈佛大学、麻省理工学院之所以是世界一流，最根本的是他们培养的人才为社会和国家贡献了一流的价值，而这种价值必然会符合一个国家和社会发展的核心价值观。也就是说，“一流”的内核是扎根于国情、扎根于国家的价值体系的。这个思考，我们是缺失的。

在建设“一流大学”之风最盛的那几年，几乎每个大学都在国外大学中选了一个比较对象。比如北大选了哈佛大学，清华选了麻省理工学院，大家把这些国外著名的大学当作是标杆，都要把大学建设成这样，不建设成这样就不能称之为一流大学。

其实，这样的一流大学建设只注重科研，而美国所谓的一流大学其实是一种精神内核的概念。

当代中国高等教育的办学目标，在于建成有中国特色的大学，建设一流的“中国的北大”“中国的清华”，而不是“中国的哈佛”。其根本就是在于要建设符合社会主义价值取向、适应中国国情、能服务于社会主义建设的大学。

2. 不要断章取义地去学习和模仿

在大学内部治理的实践上，我们多年来一直高呼"建立现代大学制度"，所谓的现代，更多的是以美国模式为标本。但是，我们喜欢支离破碎地、断章取义地去学习和模仿，头痛医头，脚痛医脚。科研不行，看看别人的科研怎么搞；课程设置不行，看看别人的课程设置怎么搞，甚至干脆用上全英文的教材。我们必须看到，成熟的国家教育体系是系统性的、是与社会意识形态和经济形态协同发展的。教育的问题不仅仅是教育界的问题，它更是社会的问题、经济的问题。如果脱离了这种系统论的思维，中国高等教育在西方教育的影响下亦步亦趋，模仿或照搬，而不将先进经验与本土国情相结合，此种"国际化"，只会是学得越多，出现的不协调越多。

中国高校目前的价值判断标准已具体化为评价体系。评价体系是社会组织和个人活动的指挥棒，其本质就是一个价值体系的导向。目前我国高等教育上至教育资源配置评价、下至学校的人事绩效评价，对大学学术水平的评价基本都是采用国外的工具，从 SCI、EI 到现在的 ESI，甚至直接采用国外的大学排名工具，而中国用人评价也将"海外背景"作为选拔高层次人才的首要条件。多年前就有学者指出，中国的学术是"两头在外"——用大量的科研经费购买国外仪器设备，再花大量的版面费把文章发表在国外期刊。现在还要加上，把花费大量教育经费培养的青年人才送到发达国家，美其名曰"镀金"，实则是学术打工；然后又花费重金和优惠待遇引进这些人才，委以建设重任。

中国高等教育的评价体制透露出大学的不自信，在如此扭曲的评价体系下，适应时代发展需要、彰显民族精神和民主特色的大学应当扎根于哪里？文化自信和学术话语权如何建立？

3. 要扎根中国大地办大学

我原来说过，一流大学要有世界原创性的成果，还要能拉动社会经济发展的产业链，培养的学生能到世界任何国家就业。另外，还要有跨越时空的文化。

后来我又加了一条，也是最重要的一条，要办好“中国的世界一流大学”，就一定要深深植根于中国大地，传承中国文化。

任何一个社会形态下的大学都是服务于其体制的，都必须植根于国家和社会的文化和主流价值观，承担国家发展的使命，这既是大学教育存在并发展的前提和基础、是大学扎根的土壤，也是大学价值观教育的内在职责与使命。中国高等教育要实现自身的社会和历史担当，必然需要深入且系统思考，必须扎根中国大地办中国特色的高水平大学。

中国高等教育的价值观，从小的角度说，事关建设怎样的大学、培育怎样的人才；从大的角度说，事关整个民族和国家的未来。当前，一些教育界和关心教育的人士，或多或少地感知到高等教育价值观存在的问题，教育行政主管部门和部分大学对此也有相应的反思，拿出了一定的解决措施。例如，增加大学语文课程、降低英语比重、推广国学课程、社会主义核心价值观进课堂、加强高校辅导员队伍建设等。但是，这些反思和举措大多零散化，存在“局部观象”或“头痛医头脚痛医脚”的工具理性思维，以至于不能站在更高的维度上进行战略地、全盘地、系统地思考。也就是说，过多思考了达成特定目标的工具和技术，而忽视了对高等教育价值观和指挥棒的整体思考，还未找到统揽全局的“牛鼻子”。

实际上，社会上对高等教育价值观问题的关注日渐增强，将零散化的思考和布局提升到战略层面的“时间窗口”已然打开。因而，对这个问题应当有一个全局性的、系统性的思考，打破仅仅关注大学教育这个“教育尾巴”的末端思维、打破局促于部分领域的工具思维，推进对整个教育系统的大讨论、大反思，进而获得教育改革的共性思维，才能推动中国高等教育改革的顶层设计，获得更具前瞻性、使命性和责任感的，有机衔接的价值体系及政策体系。

中国高等教育价值观的问题与整个教育管理体制紧密相关。时至今日，中国对高等教育和大学的投入以及大学办学水平都有了一个质的提高，不少大学和学科已经跻身世界一流水平。但是，现行对中国高等教育的评估体系和标准，大多缺乏中国本土的标准和话语权，因而，在专业化教育西化和价值观教育中国化之间存在一个难以调和的张力。在整体办学条件和水平有了一个质的提高的基础上，我们需要考虑高等教育评价标准的中国要素了。只有当专业教育、知识教育与国家和民族发展的趋向高度相关时，我们才能培育自己的人才，建设中国特色、中国风格、中国气派的一流大学。

我们有必要反思，是不是国外的发表标准就一定是世界标准？是不是英文文章就一定代表高水平？能够在国外版面发表的论文是否能够解决中国问题？我们能不能在评价标准上注入中国要素？吸收西化评价标准的合理之处与中国本土标准相结合，进而推动"不唯西方、兼具特色、服务中国、链接世界"的、自信而不盲从的评价体系。在此基础上，调整中国教育指挥棒，并合理地配置教育资源，培育既接中国地气又具有世界眼光的人才。

高等教育的价值观选择始于宏观层面的顶层设计，经中观层面的制度政策调整传输，最终在微观层面的高校办学单位进行落实。具体到大学，除了基本的育人价值体系相同以外，也不能用一套评价标准、一套办学理念包打天下，要根据不同的办学历史、办学条件，进行差异化的选择，给予学生可以选择的余地。同时，对于落实国家教育政策的基层高校而言，最重要的是在完善内部治理结构，发挥知识分子的主体功能，相信和依靠知识分子，在育人理念上与育人过程中形成全员育人、专业育人和立德树人的结合，从办学理念、办学思路、办学体系到学科设立、专业开设、课程设置、教材体系、科研管理等均须做中国价值和中国标准合一的系统设计。

当然，这并不意味着对西方标准的绝对排斥，恰恰相反，在此过程需要合理吸收国外的先进经验，做到有选择性地吸纳；更重要的是要高度契合并服务于中国价值体系与育人使命，从而做到办学理念"中国之灵"与办学体制"中国之肉"的高度统一。

办一流大学的“四个意识”“四个坚持”“四个服务”

——在中南大学四届三次教代会、工代会上的讲话（2017 年 2 月 27 日）

我们要办的大学是一所扎根中国大地、牢固树立“四个意识”、以“四个坚持”和“四个服务”为纲领的中国特色“双一流”大学。这是一个不断努力和不断建设的过程。

1.“四个意识”

“四个意识”包括政治意识、大局意识、核心意识、看齐意识。

2.“四个坚持”

（1）坚持正确的办学方向

一个大学不能没有正确的办学方向。有人说，科学无国界，学术自由。我个人的理解科学是有国界的，科学技术看被什么样的人掌握、为什么样的人服务？学术自由也是有条件的，任何自由都有限制、有边界。不然，为什么国际上发表论文要审稿呢？我们办学，得有正确的办学方向。这个方向，就是要办中国特色社会主义的一流大学。

（2）坚持立德树人

我们办大学的根本任务是培养人。培养什么样的人我后面会讲，但是作为大学、特别是一流大学，立德树人是最重要的。这里的“德”有中华民族的传统美德，也有中国特色社会主义的文化自信和中国特色社会主义的共同理想。

（3）坚持服务大局

大局是什么？大局就是中国共产党领导下的中华民族伟大复兴，就是中国人民生活幸福！我们办大学要坚持服务这个大局，办出成绩。

（4）坚持改革创新

改革创新是一个大学发展的生命源泉。不改革、不创新，就是死水一潭。

我们要牢牢把握“四个坚持”，把“四个坚持”的思想落实到我们办学的具体制度和行动中。落实“四个坚持”的程度，体现了一个大学创一流的程度。

3.“四个服务”

（1）为人民服务

办大学培养人才或是加强科研，它首先是要为人民服务的。

（2）为中国共产党治国理政服务

大学是由知识分子和学生凝聚而成的共同体，是引领社会发展的“火车头”。人类的许多思想、智慧源自于大学。我们的接班人，也是由大学培养、大学塑造的。要让师生们明白一个道理，中国不能没有中国共产党领导。

（3）为巩固和发展中国特色社会主义制度服务

最近一些国家的选举，让我们看到了他们的所谓“民主、自由”，也让我们深刻地体会到了中国共产党领导下的社会主义制度的优越性。我们要树立中国特色社会主义的道路自信、理论自信、制度自信、文化自信。

（4）为中华民族的伟大复兴服务

中华民族的伟大复兴，是我们每一个中国人的历史使命。大学，在中华民族伟大复兴的关键时期，要有使命感、责任感，立德树人的同时，还要有很强的科学研究和创新的科技成果。

4.“三个一流”建设

我们办什么样的大学？在提高“四个意识”、深化和推进“四个坚持”“四个服务”的基础上，我认为还要认真推进“三个一流”的建设：一流的人才、一流的科技、一流的文化。

（1）一流的人才

一流的人才，包括两个方面：一流的师资，一流的学生。这两个一流，都是要锤炼的。立德树人是最主要的，大学培养和汇聚的人才要德才兼备。

怎样提高我们大学师生的德和才呢？一是靠引进，二是靠培养。但无论引进还是培养，都要求我们在自觉提高“四个意识”的基础上，首先建立和完善中国共产党领导下的大学制度。在制度和规则的框架下，大学给大家提供一个团结紧张、严肃活泼的环境，使大家都有各自发展的空间和时间，有自己的信心和尊严，使激情和才能得到发挥，使创新成为自觉行动。

特别是在引进人才时，如何把握好“德”这一关？我们要在领导机制和制度设计上下功夫。在学生培养上，坚持“价值塑造、能力培养、知识传授、智慧启迪”的培养策略，为培养国际领先的人才打好基础。

（2）一流的科技

一流的科技是要走在世界前列，现在叫颠覆性创新。创新有个过程，最早是别人知道、我们不知道，我们跟着学、模仿、破译；第二个阶段是别人知道、我们也知道，但别人先知道；创新阶段要实现我们先知道、别人不知道。我们的科技能引领时代，这才叫领先。

（3）一流的文化

一流的文化是中国优秀传统文化，中国特色社会主义文化和代代相传的大学文化的结合。这是良知的传承。

大学究竟该办成什么样子

——在中南大学四届二次教代会、工代会上的讲话（2016 年 2 月 27 日）+我们该怎样办大学（2016 年 5 月 3 日）+关于学校“十三五”规划编制工作的报告（2016 年 6 月 28 日）

我们要办一所什么样的大学？这个从思想上讨论非常重要。一流大学有不少讨论，举两个典型定义。一是中国人民大学提出的定义：“一流大学就是一流的学术队伍、一流的学生质量、一流的科研成果和一流的社会服务。”

此外，还有个非正式的说法：“世界顶尖大学是不写论文的大学，一流大学是教授偶尔想发议论时写点论文的大学，二流大学是青年学者拼命写论文的大学，三流大学是要求所有学生拼命发论文的大学。”这个定义我认为有一定的道理。在顶尖的大学，如哈佛大学、麻省理工学院，不存在校长要求教授做什么，都是教授要求校长做什么。教授们认为创造和工作是人生价值的实现。顶尖大学的很多教授走出校园可以是国家要员、世界银行行长、国际货币基金组织总裁。在美国，不少重要岗位出现空缺时，总统经常会直接任命大学的教授、院长等来补位。美国原国务卿赖斯，以前就是斯坦福大学的一个教授，现在又回到斯坦福大学了。

顶级大学不要求写文章，但写出来的就是好文章。一流大学的顶尖教授要写点文章，以便保持一流的位置。青年教师拼命写文章的就是美国的二流大学。下指标要求研究生写出好文章的是三流大学。针对这个说法，我们学校还不入流，三流都不到，因为至今没有在 Nature、Science 等顶级刊物上发表的文章。

习近平总书记强调：“办好中国的世界一流大学，必须有中国特色。没有特色，跟在他人后面亦步亦趋，依样画葫芦，是不可能办成功的。这里可以套用一句话，越是民族的越是世界的。世界上不会有第二个哈佛、牛津、斯坦福、麻省理工、剑桥，但会有第一个北大、清华、浙大、复旦、南大等中国著名学府。我们要认真吸收世界上先进的办学治学经验，更要遵循教育规律，扎根中国大地办大学。”

习近平总书记的这段话，点出了当代中国高等教育需要认真思考的问题：我们要办什么样子的大学？

1. 要多一份安静和悠闲

陶渊明讲过“采菊东篱下，悠然见南山”，那是一种理想的生活。过去的读书人，只要不做官、有饭吃，这种生活过起来好像挺容易。现在的大学，从教授、副教授、学生、管理人员，人人都活得太累。我想我们能不能建一所有一份安定和悠闲的大学？

怎样才能过安定和悠闲的生活？关键是要靠建制度和执行制度。我自己感觉累是因为有很多遗留问题要处理，比如有些七八十岁的老同志还去人事处要求评职称。这是人的思想观念给带来的问题。

为什么不能安静悠闲？就是没有按规矩去做。我们办事要按规矩来，否则学校就没有教学科研的安静与悠闲。把学校办得有一份安定、有一份悠闲，就需要大家讲规则、讲程序。在规矩、制度的框架内，大家不犯错，拿着还不错的工资，让书桌安静下来。如此一来，那“唐宋八大家”的时代就有可能出现了。

卓越的思想一定是在自由的状态下产生的。所以，大学要办出一份安静和悠闲，要能让我们一线的教研人员有自由的思考空间。如果我们大学一线的教研人员连自由的思考空间都没有，一天到晚只是为了完成任务、为了去赚钱、为了去评估，这是有很大麻烦的。

2. 要保留一份自尊和自信

大学教授是一份光荣的职业，是一个值得珍惜和守护一辈子的职业。我们的领导班子是为大家服务的，是要给大家提供一个好的环境——生活保障、人身安全和学术自由。我们反对校园内人攻击人、人打压人、人欺压人的现象，特别是在学术上！但你自己要有自尊，要自己看得起自己。首先自己要认清自己是这个领域最好的。你自己都看不起自己，还能干什么呢？同时，你也不要去想坏事、干坏事，要对得起“知识分子”这几个字。

尽管有时候我会批评湘雅的同志，但内心里我还是觉得湘雅了不起。我为什么要批评他们呢？因为他们总是觉得自己比别人差，这样怎么能进前三呢？我说：就是要有勇气有胆量，要相信湘雅是全国一流的，甚至在世界上也是一流的，这样才能争到前三去。自己都认为“我们怎么能行？能进前十就不错了”，那你永远都只在前十。要有自我认可的意识。要是没有这个认识，想把湘雅或学科争进前三那是不可能的。因为人是有惰性的，会自甘堕落。所以我们要有一份自尊和自信。

学校的考核制度是为大家提供保障的。我们的考核并不是要让那些不出成果的人活不下去，当然出了成果的人会有额外的奖励。对那些没出成果的人，也要让他生活得体面。钱多固然好，但到了一定的程度就没有意思了，当然没有钱也是不好的。钱多了，无非是银行账号的数字后面不断地添零。你看邵逸夫等最后都在往各处捐钱。这里我要说的是，其实钱不是最重要的，不要掉到钱眼里去。在大学里，还要多做一点学问。

我们要静下心来多读读书、做做研究、写写文章。写得好就发表，写得不好就暂时放在那，再研究、再修改。我劝大家不要做行政领导，做行政领导会耽误大家许多科研时间。

3. 要保留一份风骨和思想

所谓风骨，并不是指反对一切、批评一切，而是应保持一个知识分子的正义感。要有深入思考，然后以中肯的方式表达你的见解和批评。一个社会如果没有不同的声音就无法进步。包括我在内，希望大家尽管给予批评，我很愿意听大家的批评意见。

对于批评和提意见，我们要本着有则改之、无则加勉的态度。但提意见的同志也不要一看意见没有采纳就生气、就胡闹。这不是风骨。大学要有点风骨、要有思想和正义感，要多想点事，人不想事脑子就会“生锈”。

> 有一次，我遇到一个原来在某大学做教授的同志，我问他觉得在学校做老师好吗？现在大学教授有水平吗？他说自己在大学里读到博士并工作成长为大学教授，但感觉自己的思想越来越狭窄，越来越与社会脱节。因为与外面世界接触少，人也变蠢了，话也不会说了。最后他决定从大学跳出，走入社会。

这是他当时在大学的感受，我们的感受又是什么？一个人如果只局限于大学校园里，又不看书学习，通常会出现以下毛病：一是没事爱说闲话，总是说一些鸡毛蒜皮的事；二是爱告状。以上现象现在少多了，学校的正气在上升，大家都在奔事业。大学要引领社会，不要隔绝于社会。大家可以多读书、多思考，通过书本认识世界、了解世界和分析世界，从而丰富自己的思想。大家也要多实践，多出去走走。

我们要建一个比较安静悠闲、拥有自尊和自信、勤于思考且富有正义感的大学，这是一个具有理想色彩的学校。至于创新、人才培养等其他方面的事项，在这种环境的熏陶下会自然呈现。要达到这个目标，仅仅靠思想教育是不行的，必须要有制度保障，同时要坚决地执行这个制度。制度制定容易，但是执行起来却是非常难的。有人说改革要流血，其实改革要流血就是在制度的执行上，这也是改革推行“步履”艰难的主要原因。

有这样一个理论，太阳是恒星，之后就变成白矮星，白矮星之后就变成黑洞。太阳过五亿年会变成白矮星，就不再放射光芒了，那时地球就会进入了一个黑暗时代；再过五亿年，白矮星就会变成黑洞，地球就会被吸入黑洞了。我想，五亿年以后地球都会没有了，我们何不多思考一些问题，让我们更加智慧、更加快乐呢？

大学要培养学生的哪些能力

——在中南大学第三届教学工作会议上的讲话（2012 年 5 月 28 日）+在中南大学第三次学生代表大会暨研究生代表大会上的讲话（2016 年 5 月 8 日）

教育是一个系统的概念，是持续的和社会的。每个人从胎教起就渐进学习了，这包括个人教育、家庭教育、基础教育和高等教育等。教育在不同的阶段有不同的侧重点，那么，大学要培养学生的哪些能力？我认为应该包括以下几点。

1. 价值判断和思考分辨的能力

讲到价值判断，我们先来分享两个小故事，这两个故事是哈佛大学政治哲学教授迈克尔·桑德尔在“公正”公开课上提到的。

有一个司机，驾驶着一辆有轨电车，在途中发现前方有 5 个工人正在干活，但是这个电车的刹车失灵了，如果继续往前开，这 5 个人会被撞死。此时，司机发现旁边有一条岔道，岔道上只有 1 个工人在干活。

问题是：他是把电车笔直往前开，撞上 5 个人？还是把车开到岔道上去，撞那 1 个工人？我估计，百分之百的人会说，应该把电车往岔道上开，救 5 个舍 1 个。因为是刹车失灵，所以也不会被谴责。

接下来同样的情况出现了，不同的是，这次拯救这 5 个人的不是司机，而是站在电车正上方的一座桥上的一个人。他判断电车的刹车失灵了，于是他果断把旁边 1 个体型肥大的人推下去，成功阻止了电车的前行，把 5 个人救下来。同样是救 5 个舍 1 个，这时还会有百分之百的人认为，这样做可以吗？因为把人推下去等同于主动杀人。

再来看看第二个故事，这是发生在阿富汗战争中的一个真实事件。

当时，美国海豹突击队的4名队员得到消息，有一个重要的恐怖分子藏在一个村子里。他们正要进村抓捕的时候，发现村口有4个牧羊人，其中包括1个只有10岁的孩子。为防走漏消息，美军抓住了这些牧羊人，两个美军想直接杀掉他们，但队长却反对这样做，因为他们只是无辜的平民。

权衡之后，美军放走了牧羊人。可还没走多远，他们就被恐怖分子包围了。结果挺惨烈，4个美军被当场打死了3个，队长被打成了重伤。情急之下，队长向总部发报求救。为了营救他，总部派来了直升机，但被恐怖分子击落了，直升机上面的十几个突击队员也因此遇难。尽管这个队长最后活了下来，但他却一直活在自责和反思中：为什么自己当初没有同意杀掉那些牧羊人？

这两个故事实质上都涉及一个根本的问题——价值的判断。如何在这个错综复杂的世界中做出自己的判断呢？人们在遇到问题时做出判断的依据是什么呢？我想，除了各种已知的知识和逻辑，最重要的可能是你的良知、你的灵魂、你的价值观。

例如，在第一个故事中，为了救另外5个工人，你的价值观决定你不能把另1个人推下去。尽管从逻辑或者物理条件上来看，与往岔道上开电车撞到1个人的条件是一样的。在你的灵魂深处，有一个判断的标准，这就是价值观。你的价值观不允许你把他推下去。

在德国喝啤酒时，人们是按瓶盖数去交钱的。如果你将瓶盖往兜里塞几个，然后少交一点钱，酒馆老板一般也无从得知。当然，绝大多数人还是会如实把喝过的所有啤酒瓶盖都交上去。有人将其看成是素质问题，但归根到底，这也是一个价值观的问题，你到底是要诚实，还是要金钱？

对于人类社会来说，价值判断、分辨和思考能力是非常重要的。特别是在物欲横流、金钱至上的社会，传承良知、维护公平、弘扬正义的价值观，显得更加重要。

大家都知道几年前南京的彭宇案：一个从公交车上下来的老太太摔伤了，反过来状告“好心”扶她并送她去医院的彭宇。这个案子成为中国人历史上永久的痛。为什么？这里体现的就是我们价值的判断、分析和取向出了问题。

首先，大众、特别是媒体，在没有充分了解事实的情况下，认为这个老太太自己摔倒了，彭宇是做好事，把她送到医院并给她垫付了200 块钱让她看病。这个老太太不但不感恩，还恩将仇报。于是，很多人调过头来骂这个老太太。

与此同时，由于法官在审理这个案子时采用了偏离正确价值观的推断，认为如果彭宇是做好事，就不会自己掏这 200 块钱，也不应该送老太太去医院。按照法官的逻辑，彭宇送老太太去医院，说明他内疚；后来还掏了 200 块钱，更能说明他想弥补。媒体根据法官的这几句话，大肆炒作国人的道德沦丧，还出了这样的糊涂法官！于是，全国到处都是骂声。

直到 2012 年 1 月 16 日，南京市有关部门终于公开了事实真相。彭宇的的确确在下车的时候碰到了这个老太太，至于是不是故意推的？我们不清楚，至少有一点可以肯定——两个人发生了身体接触，并不是大众认知中的老太太自己摔倒，彭宇去将其扶起。确定了这一点，事情就发生了质的变化。这就又引出了另一个问题：事实是怎么认定的？警察干什么去了？

原来，在警察做现场讯问和笔录时，双方都承认了事实，而当事的警察居然把原始的询问笔录弄丢了，导致法院失去了最直接的证据。现在想来，如果让双方重新说一遍经过、友好地协商，这个问题应该很容易就能得以解决。可笑的是，法官、警察和当事人居然达成了一个共识——庭外和解并签订保密协议，不准对公众说出任何真相。这样一来，媒体不明真相地拼命炒作，彭宇和老太太以及判案的法官就都成了受害者，因为他们不能说出真相。直到事情越闹越大，官方才决定解除禁令，出面澄清了这件事。

这样的闹剧为什么会产生？我们应该从中反思些什么？我个人认为是价值的判断出了问题。每个参与其中的人都没有认识到他们的处理方法会给社会、给公众以及他们个人和家庭带来多大的危害！

现在社会上的一部分人，缺乏符合中国传统文化或主流文化的价值判断标准和判断能力。为什么会这样？我们是否应该从这些事件中反思大学教育的缺失？我们是否应该问问大学究竟应该培养什么样的人？在道德观念、人文关怀等方面，是否应该给大学生一些正向引导？为了给大学生提供正确的价值判断引导，教师自己该做些什么？

我以前并不怎么讲价值判断能力，后来发现很多时候需要面对、需要做出判断，需要有自己的价值取向。中国人过去总是在讲素质教育，但我觉得最核心的应该是培养正确的价值取向和判断能力。

价值观塑造的过程，贯穿于大学的整个学习和生活过程中，覆盖了培养学生的全过程。但是，它并不是孤立的，而是与基础教育、家庭教育以及社会的终身教育紧密相连。

我认为，大学在于使人明白，只有把个人价值和共同价值一致起来，人生才会有意义。大学的价值塑造要提高到理性的、人性的、历史的、辩证的高度进行。

不同的价值观，决定了不同的朋友圈，包括男女朋友。当你的价值观和对方一致的时候，两人就会特别相爱。在我看来，找对象的第一条件不是漂亮，也不是富有，“白富美”“高富帅”都比不过价值观一致。只有当两个人价值观一致时，才会幸福；价值观不一致，就不会幸福。

大学的环境和知识，使人从理性和人性的高度去认识和塑造自身的价值。所谓理性，就是逻辑性、就是讲道理，要能够讲得通；而所谓人性，就是要互相尊重、以人为本、与人为善。

此外，我们还应该从历史和辩证的高度培养自己的价值观，这样能够让个人价值和国家、民族的共同价值相吻合，从而成为一个国家需要的人，一个对家庭、对社会有贡献的人。

如果我们的大学生通过在大学几年的努力学习，潜移默化学会正确的价值取向和价值判断，那么在将来步入社会后，将会给社会带来许多可喜的变化。

2. 专业素养和实践能力

钱文忠教授在解读《三字经》中的“教之道，贵以专”时，讲了唐伯虎学画的故事。

> 唐伯虎自幼便很有绘画的天分，跟随明代很有名的大画家沈周学画。几个月后，唐伯虎觉得自己的画和沈周的差不多了。于是，他对沈周说：“沈先生，我不用学了，可以回去了。”
>
> 沈周想了一下，对唐伯虎说：“那你就回去吧，回去之前，我请你吃一顿饭。”说完，他便将唐伯虎带到了一个房间。进入房间之后，唐伯虎看到，每个方向都有一扇开着的门，门外是很好看的外景，鲜花、水池、草坪，样样都有。
>
> “这么好的地方我怎么没来过？”于是，唐伯虎就想仔细逛逛。他先低头朝最近的门走去，结果额头上撞了一个大包。原来那扇门不是真的，而是沈周画的，看上去和真的门一样。
>
> 唐伯虎看此门不通，就去了另一扇门，结果还是不通。最后他发现，三面墙所有的景色都是沈周的画，就连门也是。唐伯虎这才知道，原来画画可以画成这样。于是，他一出房间就给沈周先生磕头：“我不回去了，我还要好好学。”
>
> 很多年以后，沈周告诉唐伯虎：“这回你可以回去了。”
>
> 唐伯虎却说：“我还不能回去。”
>
> 沈周听了这话，便对他说：“你觉得你还不能回去？这样，你也试试看，画几幅画检验。”

于是，唐伯虎画了三桌酒席，每一桌上都有鱼。画完以后，也跟师父一样贴在三面墙上。刚贴好，沈周就把家里养的猫放了进来。这只猫一看到墙上的鱼，就跳上去想吃，结果撞到了墙上。

猫看这面墙上不行，又看到另一面墙上也有鱼，于是又跳到那面墙上，如是再三。这说明唐伯虎此时画的画，已经和师父差不多了，就连猫也分不出是画还是鱼，他这才恋恋不舍地出师了。

“教之道，贵以专”，讲的就是学习要专心、要持之以恒。学习专门知识要花很长的时间，要把一件事情扎扎实实、老老实实地长期做下去。学画是这样，学其他的技艺也是这样。没有长期的坚持和努力，就不可能掌握专业技术和技能。

中南大学是一所以工科和医科见长的学校，培养学生的专业技能需要很长的时间，老师要用心地教，学生要好好地学，持之以恒，才能取得效果。

现在网上流传着这样一个词，叫“煎饼人”，指什么事都一知半解，实际上什么都不真懂，就像煎饼又薄又大。我觉得，大学要少培养“煎饼人”，多培养有深厚的专业基础和能力的人。

3. 沟通交流和组织协调能力

现在中国的国际地位越来越重要，但是我们在国际上的话语权却并不强，无论是在政治上、军事上，还是在文化上。例如，在相关国际组织里面，中国人担任重要职务的基本上就没有多少，为什么？沟通与组织能力不够是一个重要原因。

美国著名学者亨廷顿写过一本书，叫《文明的冲突》。亨廷顿是一个很有名的教授，《文明的冲突》也是一本很有名的书，但他自己却说那不是他最好的书，只是写给大众看的，不是学术著作，他从不对学生讲这本书里的内容。

在这本书中，有一个我认为很荒谬的观点，就是亨廷顿认为世界上的许多战争、动乱等，都起源于文明和文化的冲突。

其实，不同的文化和文明之间，随着交流的增加，应该可以取长补短、共同繁荣。但是，如果我们不加强交流，那么误解可能产生，敌意可能形成，冲突也就可能发生。

> Facebook 的掌门人扎克伯格娶了一个华裔妻子。据说，两个人是在哈佛大学排队上厕所时认识的。有人开玩笑说："以后上厕所都要找对地方，找有钱人上厕所的地方。"可见，只要愿意交流和沟通，即便是上厕所这样的事情，也能沟通出爱情的火花，更何况其他事情呢？

大学不仅仅是学习的地方，还是一个文化和文明交流沟通与传播的平台。我们要创造一些条件，让大学生们多交流。这样就可以使我们的大学生自己学会建立一些关系网络，协调人际关系。培养大学生的交流能力，这也是摆在我们面前的重要任务之一。

4. 动手能力和创新精神

在大学，能力的培养是非常重要的。教育家蒋南翔先生说过一句话：要给学生猎枪，不要给干粮。

> 1990 年我从日本回国工作，至今已有 20 多年了。在这 20 多年里，我买过很多自行车。为什么买得多？主要原因是那些车都被偷走了。另外我想说，我买回来的所有自行车中，没有一辆是能够直接骑的，买回来以后一定要到修车铺去调整。为什么呢？因为我们买回来的新自行车不是那个螺丝松了、就是这个轮子歪了。但是，我在日本读书期间，只买了一辆自行车，这个自行车买回来之后，哪儿都不用调整，打上气后就能骑。而且，打一次气至少用两个月，

而我们的自行车，现在还好一些，几年前的自行车打一次气能撑几天？

现在有很多人光说不练、马马虎虎，动手能力差、职业素养低。你们说这是谁培养出来的大学生啊？不都是我们自己培养的吗？

此外，我们总是讲创新，想干大事。可是回过头来看一看，现在大家写字用的圆珠笔的笔芯和油墨都是进口的。创新是和职业道德、实际动手能力等联系在一起的，不是一句空话。

思考能力是创新力的源泉，也是创新力的体现，思考能帮你发现问题、解决问题。思考能力的培养不会对解决问题设定时间限制。有的问题可能要几代人、甚至好多代人的共同努力才能解决。当然，有些问题的解决可能只需要几年，不然也不会有那么多的博士能够毕业；有的问题则需要几十年，比如火箭推动器（长征五号）的研制，立项后整整搞了十年，经过多次失败才成功。如果像应付普通考试那样去解决这种问题，它是绝对做不出来的。因为没有哪一个考生能够在给定的时间内，保证这个东西一定能做出来，只有通过不断地思考和创造才能将其解决。在大学里，我们重点培养的不是考试能力，而是思考能力，有思考才会有创新。

目前，我们的大学还是注重考试能力的培养，基本上还是教材、课堂、黑板。这种模式，并不是不培养思考能力，但是它把思考能力大大削弱了。那些考试成绩好的学生能够保送研究生、分配好工作。当然这也是一个标准，但是这种方式、这种标准需要改变，也正在改变。

如何培养大学生

——在中南大学第三届教学工作会议上的讲话（2012 年 5 月 28 日）

在明白大学要培养学生的哪些能力之后，我们再来思考应该如何培养大学生。我认为要注意以下几点。

1. 名师上讲台

师高弟子强。我们要通过老师的传道、授业和解惑，以及共同的探讨，提高学生的能力和素质。

> 我有时会看美国的公开课，比如桑德尔的《公正》、亨廷顿的《文明的冲突》，还有《死亡》《幸福》等。那些老师们讲课时，真是口吐莲花、字字珠玑。听这样的课，是一种别样的享受！
>
> 国内也有很多很好的课，比如北京大学赵凯华老师的物理课、中南大学欧阳友权先生的网络文学课，以及杨雨教授写的《侠骨柔情陆放翁》和她在《百家讲坛》上讲的纳兰性德，都非常好，讲授这些课的老师就是我们的名师。

讲课要有人听，要引人入胜。好老师都要上讲台，教授也要上讲台！不仅要上讲台，还要上好讲台、站好讲台。教授要把教书育人当作自己的天职、当作自己本职工作的第一要务。

名师上讲台，其根本就是要进行知识传授。无论是价值观的塑造还是各种能力的提升，都与知识传授有密不可分的关系。知识传授是大学里主要的活动之一。

大学和基础教育的知识传授也存在很多区别。在高中，老师传授的知识基本上很多年来都是固定的，变化不多。比如数学题，一直就是那些。大学的知识传授不一样，大学要传授的是前沿的、发展的、新的科学知识，要系统地传授知识，要培养学生的逻辑思维以及理性的批判精神，另外还要有某一个专业的系统构架。

在高中，哪一个答案是对的，哪一个答案是错的，很少有不同的标准出现。但是在大学，不同的标准和答案要成为常态。前沿知识没有唯一答案，可以有多种多样的答案。只有通过探索、实践，才可能得到崭新的答案。条件变了，这个答案也会跟着变。

所以，大学的知识传授应该是交互式、讨论式的，是实践和理论交替式的。老师引导学习，学生主动学习。

2．进一步完善课程体系

课程体系与培养什么样的人有着十分密切的关系。大学历来十分重视课程体系建设。事实上，课程体系建设也是学科建设的重要内容，是按照核心课、主修课、选修课的体系？还是按照公共基础课、专业基础课、专业核心课的体系？这决定了学校通识教育或专业教育的道路。无论走哪一条路，大学本科教育都一定要有一个不断发展和完善的课程体系，从而让学生在这个体系之下，得到前面所说的能力和精神的培养与提升。

在这个课程体系下，考试仍然是检验学生学习程度和能力的有效手段之一。有人总批评我们学生会考试，高分低能，这话有一定的片面性。我认为考试成绩好不是错的，考一百分的学生起码比考五六十分的学生在掌握知识上要全面。当然，在某些其他的方面，有些考分高的学生可能存在不足，但即便如此也不能说考高分就是坏事。否则，我们还考什么？我们还是要鼓励学生考高分，但是不惟高分论英雄。也就是说，考得好是好事，但不是说你考得好就什么都好。

3．抓好课堂内外两个育人主战场

我们要向课堂要质量，也要向课外要质量。

在课堂内，每一门课都要进行理论学习和实践动手练习。学而时习之，学指的是读书，而习就是动手。还要抓好实验，特别是主动式的创新性实验。要让学生自己设计、自己管理、自己实现，学会完整地处理一件事情，哪怕只是一件小事。

在课堂之外，一要充分挖掘学生的兴趣，多组织一些社团、课外学习小组等，打破学科和专业的限制，鼓励学生探索专业外的技能。二要多提供一些走出校门、甚至是国门的机会，开拓学生的视野、丰富学生的阅历。

4. 抓好英语听力的训练

学英语一定要注意提高英语听力，争取让学生都能在大学时代解决英语的听力问题。英语的读、写、译、说的能力，走出校门后靠自学都易提升，唯一不易提升的就是听的能力。如果在大学不解决英语听力问题，出去后就很难解决了，这个问题一定要提到战略高度上。如果大学期间基本解决了英语听力问题，学生的国际交流能力自然就能提升。

5. 加强个性培养

如今的时代，是个性飞扬的时代，是人才辈出的时代，是科学大师即将涌现的前夜。要培养大师，就一定要及早发扬和发挥他们的个性，不发扬个性是没有大师的。统一的“产品”哪有什么好坏之分？所以，我们的教师和管理部门，都要及早转变思路，尽早地适应个性化学习和培养的需要。只有个性化培养、个性化引导，才能有个性飞扬的大师。

我希望大家要打破条条框框，要塑造自我。大学是自由、创新、创造的平台，“希望”就在年轻人身上！你们要把自己看成大学的主人，要争取成为国家的栋梁、家庭的顶梁柱。

人才培养也包括对老师的培养

——在第四届教学工作会议上的讲话（2013 年 5 月 24 日）

人才培养在任何时候都是大学的第一要务。人才培养不仅是对学生的培养，也是对老师自身的培养，包括我本人在内，我们老师要和学生一起互相学习、共同进步。

1. 培养人才的同时，也要提高自己

教师要有独立的人格和批判的精神，学生也是一样。

大家讲民主和自由，假如你自己没有独立的思想、独立的见解、独立的人格，做什么事情都吵吵嚷嚷、都怕自己吃亏，那怎么做的好?

此外，批判精神也不是随意地批判，要理性地批判、要正确地分析。如果你作为大学的教授、院长或者书记，对做人的基本道理都不懂，还怎么去做工作，怎么为人师啊？谈何为天地立心、为生民立命啊？凡事见到利益就上，见到困难就躲，那还叫老师吗？还叫领导吗？还叫共产党员吗？！所以，作为老师，在培养人才的同时要提高自己。

2. 多和学生沟通，改进教学工作

学校要敢于直面问题，要多听取学生的意见。当然，学生讲的某些意见可能很片面，所以不能不听、也不能全听。

有的学生反映：“我们的实验主要集中在大二上学期，几乎每天都是上完课就做实验，做完实验就写报告，一个学期做了 45 个实验。”

你说一个学生一个学期做 45 个实验，他还能有时间干别的？所以，学

生会说："我们根本就没有时间去消化实验的内容，都只是走过场。"

还有学生反映："大多数老师不了解学生，把讲课当任务。不管学生听不听，结课的时候要么交篇论文、要么考个试就算了。"接下来又提到考试，学生说："上学期的配位化学，最后考试时大家都坐在一起，然后很随意地答试卷，监考的老师都睡着了。考高分子的同学非常痛苦，老师要求太严格，导致大家考前都是通宵熬夜看书，最后还通不过。这学期选课的时候，大家就互相转告不要选高分子课啦。老师虽然讲的好，可以学到不少东西，可比起那些考试轻松、容易通过的课，还是不选高分子的好。"

这说明什么问题呢？说明我们的部分老师没把教学当一回事，只是当作一个任务，没把它当作培养人的一个重要过程。老师不跟学生交流，自然也没有机会去关心学生。同时也反映了现在有些大学的课程结构、课程体系设计不合理，一个学期做 45 个实验，哪个学生能吃得消？当然，这可能是个别现象。

有的学生说："有些老师从来不和学生交流，上课铃响了老师才来，下课铃一响老师就走了。师生之间，除了老师讲课之外，没有任何其他的沟通交流，就连我们的班主任，一年也只有一面之缘。我们很希望老师能在学习生活以及人生道路选择上，给我们一些经验的分享，给我们一些意见、甚至批评。说实在话，因为高中经常被化学老师骂，我狠下心来要把化学学好，才报了应用化学这个专业，现在进了中南大学，连一个批评我的人也找不到了，检查错误或作出批评的人就是我自己，但是我自己又很难发现或改正我内心的错误。"

这个学生说的很客观，也很值得深思。

也有学生说："现在师生之间的交流太少了，老师没时间和学生讨论一下学习生活问题，感觉老师就在千里之外。很多老师只有上课才见得到，而且上课只讲一下书本上的知识，也不讲学这些知识在实际中有什么应用，这就让我们觉得学习只是纸上谈兵、是为了应付考试、没有其他用处。如果不用考试，我就不用来上课了。”

以上这些，都说明大学教师和学生之间缺乏基本的交流，老师没能积极听取学生的意见。我们要以学生为中心，多听取学生意见，多和学生沟通，以改进教学工作。学生们提了很好的建议，我们要敢于面对、认真负责、想办法解决。

3. 狠抓学风建设

大学的学风问题真的要狠抓。很多老师反映，有部分同学不来上课，有时甚至会出现一半学生都不来上课的情况。这证明我们的学生纪律松懈，没人管、没人查，这个问题要下大力气解决。

不少学生没有把学习当回事，晚上不睡觉，而是玩游戏、上网，还给学校提各种不合理的意见。比如：

> 不少学生给我写信，说：“我们希望学校开通宵教室。”
>
> 我问他们：“开通宵教室干什么？白天在常规时间内把事干完不好吗？”
>
> 他们跟我说：“晚上创新精神强，白天不会创新。”

其实我们有通宵不熄灯的地方，只是少一点。学生把白天的时间用好，按照学校的要求把上课和实验做好，不就行了吗？何必要通宵熬夜。

> 关于宿舍问题，有学生家长反映学校有些宿舍像狗窝，一塌糊涂，让学校和老师多管管。我们是应该多管，但我们不包办。可能因为父母包办，导致孩子自理能力差一点儿。我们的班主任、辅导员要正确引导。

希望老师们要为人师表，多关心学生并和学生共同成长，把时间和精力多投入到教学工作中去。

大学生如何自治

——在校学生工作委员会第二次会议上的讲话（2014 年 3 月 21 日）

学生工作是学校的头等大事，学校的最根本任务就是培养学生。学生家长把培养了 18 年的孩子交给中南大学，我们有责任把学生培养好。但是，大学教育和基础教育是不一样的。例如，在幼儿园、小学、初中、高中，父母都能接送孩子，到了大学，家长不可能天天接、天天送。实际上，我们在承担老师责任的同时，也承担了一部分家长的责任。

怎样把我们的学生从应试教育的一代培养成能够自立自强、能够担当重任、能够引领发展的创新型人才？

我们培养的绝不仅是能找工作的人，而是能承担社会发展责任和家庭责任的人。所以，大学阶段的教育，不仅是传授知识和提升能力，更重要的是塑造价值。这就需要大学的管理人员和教师队伍做到全员育人。当然，更重要的是学生自己也要努力。学生如果不自觉地、认真地提升自己，外部再怎么努力也是徒劳。

在培养过程中，我们要分清学生自己能解决的事和必须由学校解决的事。学生们要学会解决自己应该解决的事，学校该管哪些事呢？我认为首先是公共安全问题，像防盗、防火、生活安全等，其次是思想意识方面的教育问题，例如思想教育等，这些问题由学校来解决。

> 学生自习课占座、打开水和洗澡时排不排队、晚上几点熄灯之类的事，既可以由学校出台校规来管理，也可以由学生自律来管理。比如，晚上 11 点熄不熄灯的问题，如果由学校来定，估计会有同学赞成，也会有不少同学反对。如果由学生委员会组织大家讨论，学生自己定下来、由学校来帮助执行，这样做可能就会好得多。

大学生都是成年人，要能够自我约束，养成遵守规则的习惯，也要学会通过讨论协商、达成一致的方式方法。比如说，一个寝室的室友，大家可以就寝室的事展开讨论，达成一致意见后执行。有的寝室暂时不能达成一致意见时，大家要学会让步和妥协，也可以投票表决后执行。总之，学生要学会自己解决问题。

在学校，学生们对于抢占座位的问题讨论得很激烈。很多三年级、四年级的学生为了考研跑到教室和图书馆占座，不仅在桌子上堆一堆书，还贴个条不让别人移动，导致其他学生意见很大。其实，这些占座的同学都很刻苦，但这种做法也的确影响了其他同学上课学习。

学校确实应该为考研的学生提供更多的教室，但大家最好不要占用学弟学妹们上课的教室。我们要学会站在他人的角度想问题。如果站在他人的角度想：你上不上研究生是你个人的事，和其他学生无关，而本科生上课的教室是公共资源，不允许个人占用。

学生工作委员会在维护学生权益的同时，还应承担相应的责任、履行必要的义务。我们要多参与学生工作委员会工作，树立主人翁意识，多与广大学生交流，多提宝贵建议。我们要联合学生会、研究生会等学生组织，多动员组织周边各年级的同学参与讨论，搜集整理学生的合理诉求。学生工作委员会可以组织讨论，甚至可以在调查研究的基础上撰写调查报告，提出解决方案。

在学习中，我们也要充分发挥学生的主动性，比如我们正在推行的交互式课程改革。我们希望课堂变成一种交互式、主动式、学生为主的学习场所。

学校要尽快地成立各级学生工作委员会，学生工作委员会秘书处要尽快健全学生工会委员会运行机制，扩大学生参与学校发展和自我管理的覆盖面。秘书处在各级学生工作委员会运行中要文件少搞点、活动多搞点、议题多搞点、调研多搞点。我们要跟学生多沟通、多见面，在学生当中营造一种自我管理、积极向上的氛围。

机关工作的两大要求："听话"和出活

——在进一步改进机关工作作风专题报告会上的讲话（2013 年 3 月 20 日）

大学机关是校党委和行政的参谋本部与执行指挥机构，学校所有的政策、措施和上级的相应政策法规法律，都是通过机关贯彻到学校的教学科研和产业的各方面去的。可以说，一个好的机关是一流大学的重要标志，机关作风的好坏体现了一所大学水平的高低，也体现了机关领导者素质和能力的高低。

1. 机关的问题：处长决策

机关的成绩有很多，但是也存在一些问题，最明显的问题就是处长决策。处长决策随意性很大，我指的这个处长不一定就是一个人，有的时候也可能是处长办公会。我曾多次听到，有关处长在汇报工作时，说这是我们处务会研究决定的。

学校的决策权在学校党委或者校务会。重大事项都是常委会决策，处里没有决策权，只有执行权，这是一个原则问题。任何学校事务的决策权，都在校党委常委会和校务会。机关跟学院不一样，学院是我们的军师团，要在一线打仗。他们在某些方面，如学科建设和人才培养等工作上有决策权。而机关就是我们的参谋本部，是执行机构，它只能执行常委会和校务会研究决定的各种政策。

除了执行之外，机关还有建议权。我们有新的想法和思路，可以通过主管校领导向上反映，反映以后如果没有得到重视，可以再反映。连续反映三次，如果领导还不重视，就不要再反映了，这种情况说明领导不同意这个事，这叫"三次原则"。千万不要出现领导不同意，就自己擅自做主的情况。

为什么不能擅自做主？机关的同志们不妨想一想，我们有没有自己做过决策？这些决策是否曾造成学校或者师生员工利益的损害？我们的决策是局部的决策，只考虑局部利益。如果不在一个全局范围内，由学校统盘考虑、统盘决策，这种决策势必会给我们带来很多问题。

> 例如，到2012年为止，除了书记校长出国需要报告上级机关批准之外，中南大学甚至没有其他人员办理出国审批的程序，不审批、不报告。国家把出国自主权下放到学校管理，而我们的机关人员就利用职务之便随便出国，这种事情比比皆是。

我们可以结合自己的工作反思一下：为什么会出现这种情况？是不是处里工作的随意性大，不按规则办，不讲程序，自己做主，想怎么干就怎么干，这样怎么能形成一个有战斗力的队伍呢？

所以，大家必须明白：处里不能决策，处里任何决策都是无效的、非法的。我们要改变观念，处里不要去做决策性的工作，你们只有执行权和建议权，没有决策权。

2. 机关的工作要求：“听话”，出活

（1）“听话”

听话，大一点讲就是听党的话，小一点讲就是听主管领导的话，听常委会和校务会的话。对机关来讲，这就是“半军事化”。办事员不听主管领导的、副处长不听处长的、科长不听分管副处长的，整个指挥体系就乱了，没法指挥。党的纪律是下级服从上级，全党服从中央，机关要照此执行。

有人可能会问，如果领导指挥得不对怎么办？指挥得不对同样遵循“三次原则”，跟领导报告三次。如果三次提醒之后，他还要你这么做，那出了问题就由他负责。

每次报告不能停留在口头，要有文字建议，机关的所有工作都以文字为准。如果你认为这件事关系不大，可以口头报告解决，那也是可以的。所有事关重大的问题，无论是科员、科长、副处长，还是处长，一定要有书面请示。

书面请示有什么作用？一是便于工作，减少误会；二是留存证据，万一哪

天出了事情，有书面为证。连续三次给主管领导打了报告，说这件事我当时觉得不能做，并有书面的报告给领导，那责任就不在你。

各处向学校办公室交文件时，一定要盖章、签号，以后有据可查，这就叫机关的管理。出问题了，是谁的责任清清楚楚。下级给上级报告了三次，上级还要这样做，下次如果出了问题，你一点责任都没有，全部由上级承担。如果上级只是口头吩咐，你可以写个书面确认，请领导审核后执行。这是一套文件的运转制度。我讲的"听话"，不是无原则地"听话"，是按规则地"听话"。

（2）出活

上级布置的任务，机关的工作人员要保证按时按质按量把活干好。如果不出活，要么是思想上没想明白，要么就是能力不够。

其实，在任何岗位上都可以做出很好的成绩，问题是我们要积极地去做，把领导的意图好好地贯彻下去。领导不可能知道各处室具体的每一件事，我们得有能力结合实际情况把事情办好。如何才能办好？如何提高办事能力？这就要求机关的工作人员做到"四讲"。

① 讲规则

在机关做事情，要落实上级和领导意图，第一条就是要讲规则。机关办事是按规则办事，包括党和国家制定的法律法规、省里的法律法规、教育部的规章，还有学校的党委常委会、校务会的决议，这些都是规章制度。如果规章之间产生矛盾了，怎么办？作为大学的机关来讲，首先要保证大学规章的执行，因为国家很大，有的政策可能是针对广西的，有的可能是对新疆的，有的可能是对西藏的。只要大学的规章不与党和国家的政策相抵触，不违反党和国家的规定，你就要遵守学校的决定。当然，学校也是在总书记和党中央的领导下工作，学校也要听党的话。

② 讲程序

前面我们说过，给领导报告或者提意见时要写书面请示，这就是程序。法制化的社会就是程序化的社会，我们的程序若做不到位，即便我们做的决定是正确的，事后也要找你算账。

比如说，校长去做了一项投资，如果投资效果好，给学校赚了很多钱，但只是校长拍脑袋决定的，这也不算校长的功劳，还算错误。一旦投资失误，校长就得去坐牢、就得撤职，即使退休了，也要追究其责任。

机关做事一定要讲程序，大家一定要按程序办事。没有程序怎么办？就要建立程序。上级的决定来了，我们按什么步骤执行？下面有意见时，按什么样的流程反馈？都要有程序。但是，讲程序也不是让大家制定很多的表格，我们不需要太多的表格，只要一套简洁明了的办事程序，让人家知道办什么事情要什么人批，做什么决定之前要经过什么讨论，这些事情要有清楚的规则。

③ 讲服务

机关是代表学校的，我们的一举一动、一言一行，都代表着学校。有的学生曾这样反映，到机关办事，门难进、脸难看，这种事情是存在的。

学生是学校最宝贵的财富，农村有一句话说：“可以笑老来穷，不能笑鼻涕虫。”就像我这种人，大家说说骂骂没关系，已经夕阳西下了。但是流鼻涕的小孩，我们没法预判他今后的发展，所以要培养他、帮助他，他是我们的未来。

那怎么让我们的学生今后发展得好呢？从大学起，我们就要着力培养他。发现好的苗子以后，我们要采用各种各样的办法，提高他的能力，创造好的条件，培养他形成正确的价值观。所以，我们一定要对学生好，一定要创造条件帮助他，让他觉得在这个学校里面很温暖、有收获。当然有些事情是法律上明确规定不能帮助的，那我们也要耐心地解释清楚。

机关一定要讲服务、以人为本。以人为本体现在哪儿？就是要对人好，越是弱势群体，越要关照他们，这才是正常的社会。对人不好，那就不是以人为本，而是以权为本、以钱为本。社会上存在着这样的风气，这样不好。

④ 讲情义

讲服务实际上包含着讲情义。我向来有个观点，就是在不违反规则的前提下，能帮助别人的尽量帮助。但是，你帮助别人不能违法违规，要有底线。

任何社会，自从有人类以来，没有感情的群体不叫人类。讲情义就是对人有情有义，“无情未必真君子”，问题的核心在于不要超过那个度。我们帮了人家的忙，人家才帮我们的忙。当然，人家帮我们的忙也不能违法。再说，有时候我们为别人帮忙，也是为学校帮忙。如果不管是谁找我们，我们都是一副黑脸，那大家以后就不找我们了，我们的路也就断了。"水至清则无鱼，人至察则无徒"，说的就是这个道理。

机关考核的“334”

——在机关及直附属单位个人考核工作会议上的讲话（2014 年 3 月 24 日）

批评高校的行政化，一直是很热的话题。我想高校的行政化有两个方面：一是高校随着社会行政化。比如说，把高校当成什么级别的单位，去办各种事情都要经过政府各职能部门审批。如果高校没有社会级别或没有政府职能部门的审批，在外面就寸步难行，因为高校是整个社会行政化中的一部分。我们不能在一个行政化的社会中，要求高校去行政化。二是高校内部的行政化。内部的行政化首先是书记、校长、校领导班子的问题。领导或者是主要领导给人“官本位”的感觉，由于这些人处在行政化的体系中，需要按照级别和权力办事情，所以这本身并没有错，因为，不按体系和规则运转就会造成混乱。错在哪里呢？错在官僚主义和教条主义。官僚主义造成架子大、门难进、脸难看，不为学生服务、不为教师服务，做官不做事。教条主义造成凡事翻本本，没有服务意识，不讲道理和感情。这就造成一线教师感觉办事不容易，学生感觉得不到应有的尊重。

> 我举一个例子，当然不一定是机关造成的。几年前，中南大学曾把一些 5 年制医学生转成 7 年制的本硕连读医学生，却没有在教育部完成和修改转学制的注册手续，这些学生在毕业时虽然拿到了学校发的硕士研究生学位和学历证明，但在教育部的官网上却查不到。这就变成了真的假文凭，这给这些学生的工作和生活带来了许多不便。多少年过去，多少人告状，就是解决不了。因为，没有人把这当回事儿。

不合理的事情肯定是可以解决的，问题是我们有没有决心给人家解决？当然，这里面有各种各样的客观理由。但反过来想，既然当时已经办了这件事，为什么不办彻底呢？这就是官僚主义，这就是行政化！我们没有替学生着想、没有替一线的教师着想。

教育不是几个人的事，涉及千家万户。如果我们努力去创造条件，想办法在合情、合理、合规的范围内把问题解决，就会有更多家庭感觉到这个社会有温暖，有人替他们办事、为他们服务。我相信他们会去感激这所学校，感激这个社会。所以，机关一定要是服务型机关，一定不仅是为熟人和朋友服务，更是为人民服务的机关。

机关要有机关的精神风貌。我想到了 8 个字：朝气蓬勃、井然有序。不朝气蓬勃就像是死水一潭。如果到各个部门一看，有的门是锁着的，有的门虽然开着，但是工作人员在那儿玩计算机，这都会给人很不好的感觉。好一点的机关，你进去一看，工作布局合理，人员衣着整洁，电话铃声不断，每个人都很忙。这是一种朝气蓬勃的局面。

仅有朝气蓬勃的面貌还不行，还必须有一个井然有序的局面。我觉得机关在怎么样把自己的事情办好、怎么样以学生为中心、怎么样为教师和学生服务等方面还有很多工作要做。

以上说的都是机关考核的重要性。考核就是要去官僚化、去教条化、去行政化，就是要调动大家的积极性。机关就该讲规则、讲程序、讲道理，还要讲情义。这几件事我们做到了，一定是非常好的。那如果这几件事我们想做又做不到，怎么办？考核！通过考核督促大家做到“听话”、出活。

我们做了长期的调研，然后由人事处、组织部、本科生院、研究生院、科研部等一起制定了一个方案。在此，我将这个方案的主要思想简化为“334”。

什么是“334”？以前，大家的绩效都是按职务分的，处长多少、副处长多少、科长多少。现在我们不再这么做了，我们开始按照大家的工作来分配绩效。

1. 第一个“3”：领导的主观分

如果每人按 100 分来算，其中 30 分由被考核人的主管领导或更高一级的领导来打。比如，人事处处长，他的 30 分就由书记、校长和主管的常务副校长来打。这是主观分，主要检查是否执行了上级领导的指示。上级领导可以碰头后统一打分，也可以分别打分。

2. 第二个“3”：服务对象的反馈和评价

服务对象要打30分。比如说，本科生院服务的对象是老师和学生，老师和学生怎么来打这30分呢？到本科生院办过事的和与本科生院业务有关的师生，由考核部门从中抽取一部分人来参与评价。

另外，如果你在这一年里被投诉过，不管真的假的，都在校长信箱里记着。到年终的时候调出来看一共被投诉了多少次，投诉内容是真的还是假的，多长时间解决的，解决得满意不满意。不满意的，就会直接扣分。如果服务对象没有投诉，而且对我们的服务都比较满意，那么30分就可以拿回去。投诉多了，我们就拿不回去了。当然，学校会参考被投诉人所在具体部门和问题的情况，有的问题本身就很难解决，这样也不会扣分。

3. 最后的“4”：同事或知情人的反馈和评价

第三部分是自己的工作业绩。每个人年终要进行总结，总结汇报一年来的工作，由自己的部门同事或了解你的人给打剩余的40分。

“334”加起来是100分，得了90分就是优秀，绩效津贴就会上调。学校不限优秀的指标，我希望人人都优秀，人人都能拿到这些钱。我们都打90分以上，人人都甩开膀子工作得很好，学生、教师都愿意到你所在的部门来。来了有茶喝，有人接待，说“这个地方真好，比坐咖啡馆还好”！这有什么不好呢？反过来，这个部门人家都不来，总是被投诉，那么对不起，当年绩效的很大一部分是拿不回去的。如果低于60分，那么全年的绩效就都没有了。

我相信不合格的人可能一个都没有，但我们把丑话说在前头，如果有重大的失误，的的确确是自己的原因达不到60分，就是不合格。反过来，只要我们扎扎实实把自己的工作做好，把对服务对象的态度摆正，就可以得到奖励。

此外，我们今后也会逐步取消机关人员提升时对职称和学历学位的限制，要唯人品和能力以及工作态度。有些科长，尽管年龄大一点，只要干得好，也要有机会被提拔为副处长。除非是重要岗位的处长，学校要求必须是博士、教授。而其他的人还是走业务路线，把机关的工作做好，把服务做好。这样大家不就都工作得顺畅舒心了吗?

青年教师：真正的大，都是从小处做起来的

——在青年教师座谈会上的讲话（2014 年 2 月 19 日）

青年教师代表着学校的未来。一所大学在今后能否发展得更快、更好，能否超越更多的学校，责任在青年教师身上，而且必须落在他们身上。但是当前学校在几个方面还存在短板，青年教师如何在解决这些短板中发挥作用？

1. 学校当前发展存在的一些短板

（1）国际化水平整体比较低

讲到国际化，我们本身有不可逾越的先天障碍，这受体制、传统、文化等制约。我们长期讲“中学为体、西学为用”。这句话是张之洞提出的，影响了中国几代人的改革思想。怎样看待这句话？值得我们每个人深思。尽管在上海、北京的这些大学国际合作很多，合作办学、联合培养、学术访问等活动非常频繁，但是中西方的差距和文化冲突仍然很大。

中南大学的问题就更多了，内部的事情还需理顺，国际化做起来实属不易。我们的网页、E-mail、英文电子信函等细节方面，都没有体现国际化。大的方面，比如与著名大学的合作协议、著名大学的校长来访等也比较少。

（2）文科实力偏弱

文科实力弱体现在哪几个方面呢？一是文科没什么影响力。中南大学文科的知名教授少、影响小、特色不够。如何解决？我个人认为必须解放思想，从实证性和实用性两方面下功夫，要朝着用理工科的研究方法研究人文科学的方向走。实际上，进入大数据时代以后，用理工科的办法来研究文科将会成为一种新的潮流。二是文科获奖很少。文科是没有国家奖的，但我们连教育部的一等奖也没拿过，拿的二等奖也不多。三是科研经费很少。

（3）进入全球 ESI 前 1%的学科偏少

我们论文的总体数量还是可以的，特别是高水平的论文数量也在大幅度增加，每个学院都在增加，这是好事。据科技部统计，中国高校发表在世界各领域 Top5 期刊上的文章数量，中南大学长期处于第一梯队，这说明我们在发表高水平文章方面还是可以的，大家的积极性都比较高，特别是青年教师。我们的博士生、硕士生发表的文章，整体应该说是可以的，但是我们发的文章比较分散。

中南大学的“神经科学与行为科学”最近进入了全球该学科领域前 1%的行列，使学校进入 ESI 全球排名前 1%的学科达到 7 个。但相对来讲，我们还可以多一些，像我们这样体量的大学，有 10 个以上这样的学科是比较合适的。那么我们还有哪些学科可以突破呢？数学、计算机科学、社会学、分子生物与遗传学，这 4 个都还差那么一点，但是加把劲也可以进前 1%，进前 1%就意味着论文发表和引用“达到或接近国际水平”。

除了进 ESI 全球前 1%的学科少之外，我们在 *Nature*、*Science* 等国际期刊上也没有发表论文，这是一个短板。当然，这种事情急也急不得，有了更好，没有也就没有。我相信等我们的大数据系统建起来之后，一定会取得突破。

2. 青年教师如何在解决这些短板中发挥作用

解决这些短板是青年教师今后科研的重任，我们是大学的主人，要带领学校奔向新高度，这是我们的重担。我觉得青年教师要做以下几件事。

（1）扎扎实实地过好科研关

学校可以解决青年教师在科研中遇到的、在学校范围内能够解决的困难和问题，但是科研主要还得靠自己，靠自身的努力去过科研关！过科研关不能急躁、不能浮躁，也不能没有信心。

这就要求我们要埋头做事。大家都读了博士，读博士不就是那几步吗？先是要大量地看论文，提出问题；提出问题以后，要把问题拿出来跟导师讨论，看看做这方面的研究行不行；如果行的话，再去建模型，找解决问题的方法；

找到解决问题的方法后再去做实验，看这个方法行不行；实验数据表明这个方法可行，就总结以后再去发表论文。就是这样一个过程。

对于已经开始工作了的，我觉得工作也是这个过程。就是先要看准方向，看准方向无非是两个办法：第一是要大量地阅读论文和其他相关的文献资料，从现有的研究中去寻找我们要研究的东西；第二就是实践，实践就是从企业、农村、社会等的需求中发现问题，比如临床医生就得从医学临床中发现问题。

（2）从小处着手

我们不要把问题想得太大，一下子就想让人家支持搞个大项目，这是不可取的。我们要注意抓住小点子，而不是大概念。大来自于小。

我们一定要静下心来，先不要想着去出名、不要想着当什么职务、不要想着拿大项目，有基金就不错了。当年留学回来的人，一年也就拿到 10 万元，当时国家自然科学基金一年的经费总共加起来 8000 万元，一个项目大约 3 万元。现在国家自然科学基金一年 200 亿元，国家科研经费每年在以 20%的速度不断上调。但是我们静下来做科研的责任心却大大减少，很多人都想一夜出名。因此，我建议大家，小中成大！真正的大都是从小处做起来的。

（3）不断修正方向

选方向也是一个不断修正的过程，不是说你一下子就能看得准。你围绕着一个大方向不断地做研究，慢慢就做出东西来了。等做到一定程度，你发现自己写论文比较合适，你就好好地写论文。如果你发现写不出论文来，但商业机会好，你可以一边当教授一边去搞转化，这也是好的出路。

有句古话叫“有心栽花花不发，无意插柳柳成荫”，就是说有意去培养某件事或某个人，效果可能不会特别好。为什么有的高校的科研出问题，就是它总想着培养某个人、成就某件事，没有想着营造大环境。只有营造了大环境，才能让有才能或者有天分的人在机遇中成长出来。我们要给大家营造机会、营造环境，让大家在公平竞争的条件下实现自己的梦想。

所以，现在学校正在努力营造好大环境，让大家有体面、有尊严、有基本的生活保障，让大家放宽心，不考虑短期的指标，沉下来扎扎实实地做好科研，当我们在这个领域不比别人差时，我们就可以“出山”了。这就跟学武功一样，你在华山修练了 10 年，师傅觉得功夫练好了，你可以下山闯荡了。

（4）抓住瞬间的火花

人的智慧由两种东西组成：一种是记忆和逻辑，另一种可能是灵光一闪。记忆和逻辑都有天生和训练的成分，灵光一闪的东西可能来自读万卷书行万里路后大脑中的爆发。这也是一种大智慧，我们要抓住灵光一闪的火花。

3. 青年教师要为了实现自身价值而努力奋斗

做科研要有激情和兴趣，否则还不如早点转行。我觉得青年博士给 8 年期限足够了。8 年中的前 3 年你如果连方向也没找到，你还觉得自己很好，那么就跟某个大学的某个讲师一样了，说自己写了好多论文，只是不愿意发表；结果别人一看糗死了，算什么论文。这说明他没有搞科研的资质。我们学校的青年教师可以有 8 年的自由期。这 8 年，大家不用上课，工作待遇享受学校的平均水平，保证大家生活无忧。大家要努力做好科研工作。

大学教师，越在一流大学越辛苦，但只要是为了自己的兴趣和爱好、为了实现自己的人生价值，我们就不会觉得辛苦。

制定机制，解决教职人员的实际问题

——在离退休工作处调研时的讲话（2011 年 11 月 7 日）+在离退休老同志代表座谈会上的讲话（2011 年 11 月 8 日）+在保卫处调研时的讲话（2011 年 11 月 8 日）+在现代教育技术中心调研时的讲话（2011 年 11 月 14 日）

机制是激发大家动力的最直接、最有效的因素之一。大学要解决教职人员的实际问题，就要制定有效的机制。我们从哪些方面来制定机制呢？

1. 解决离退休老同志的实际问题

大学的发展是长期以来多少代人努力奋斗的结果。老同志为学校发展做出过重大贡献，是大学的宝贵财富和一支非常重要的力量！

中南大学是由 3 所大学合并组建而成的。无论是中南工业大学、湖南医科大学还是长沙铁道学院，都是在国内外非常有影响、有特色的部属高校，这 3 个学校合并在一起，组建成了中南大学。合并后的大学不可能再回到原来，我们现在是一所大学，是一家人。中南大学的发展是多少代人努力奋斗的结果，特别是湘雅，有 100 多年的历史。有人告诉我，改革开放以后我国著名医院的院长中三分之二来自湘雅。所以我们的老同志对中南大学的发展，对学校能有今天的地位做出了巨大贡献。

我们应该先向老同志学习，听取老同志的意见，何况我们这些老同志还是满腔热血，还在为学校的发展尽心尽力，还在思考问题，还在谋划具体的工作。老同志不仅以前做贡献，现在仍在做贡献，是我们的依靠。我们学校有 6000 多位老同志，要发挥好作用的话，对学校的发展是不可估量的力量。

我觉得我们离退休工作处的同志们真是不简单，二十几个人为 6000 多名老同志服务，工作做得非常好，很有成效。大家为老干部、老教师工作，这个工作做好了，学校三分之一的工作就做好了。老同志为学校奉献了一辈子，学校很多时候对老同志的待遇等各方面问题考虑得可能不那么周全，这都要靠离退休工作处，把我们没有想到的漏洞补上。大家要多和老同志交朋友，了解老同志的心情，掌握他们的健康及生活情况，特别是生活上的、医疗上的都要考虑到。学校还有 3 个老同志活动平台，乒乓球、象棋、计算机、演播厅，一应俱全。

在老同志的待遇问题上，我相信我们可以沟通解决。在校党委的领导下，问题可以通过沟通、通过时间、通过发展来解决。

我还建议大家，要有近期的、长期的关于做好离退休工作的计划和考虑，在党委统一领导下讨论决策，再进一步支持离退休处的工作。包括人员的问题、经费的问题。未必能一下子全部解决掉，但是我们可以从进一步关心老同志的身体状况和发挥他们作用的角度出发，共同研究这些问题。我们可以进一步当好参谋，起到“搭桥”和“润滑剂”的作用。

关于决策机制，在民营企业老板一个人说了算，而我们是党委领导下的校长负责制。我前面提到“三讲”，就是讲程序、讲道理、讲情义。讲程序就是要制定机制，要有执行规则，在规则下把事情做好。为此首先要有方案。人都是讲道理的，老同志对某个问题提出意见或者不满，他也有他的道理，比如津贴就高不就低的问题，我认为就高是对的。不要要求每个人都有很高的觉悟。但是我们要讲规则，要按照党的精神和文件来办事，这是基本的原则。我们还要讲情义。大家都是人，都是一个单位、一个战壕里奋斗的同志，只要是在规则允许的范围内，为什么不帮助大家呢？我们要在规则、程序和道理的范围内，尽可能地为大家谋利益。

2. 加强学校的保卫工作

一个大学就是一个小社会，大学的安定团结没有保卫处是不行的。学校保卫处的重要职能就是保障校园平安。那么我们如何解决保卫处的实际问题呢？

首先，保卫工作任务多、事情杂、不可预见，哪个地方都可能涉及，还不分时间，员工非常辛苦。因此，人事和待遇问题要提高。

其次，要加强保卫处员工的培训和学习，包括校卫队员。不能总让他们在很紧张的状态下工作，要隔一段时间去听别人讲讲课；钱花得不多，对他们自身也是提高，可能工作效果会更好。不过我觉得花钱要做预算，不能随意。

此外，还要建立应急机制，就是要在发生问题的最短时间内让校领导和公安机关知晓并及时处理。出了问题立即启动这个机制，职能部门的处长、副处长要能联系上，这个可能比你们的“5+2”“白加黑”要好一些。人再忙，都要通过指挥体系忙，不要在体系外忙。

3. 建设现代教育技术中心

网络现在已不仅是个工具，它更是个引擎，带动大学的办学模式发生变化，涉及人才培养、科学研究，更涉及社会服务。还有一个更重要的问题——涉及安全。实际上，安全问题有两个：一个是物理安全，就是前面我们说的保卫处、学工部等负责的；另一个就是网络安全，其影响在某种意义上比物理安全还要重要。特别是在校园里，学生可能会因为一点点“物理”上的事情，把情绪通过网络来发泄，这就会产生很大的影响。

我们面临发展的问题，在发展中有一些不适应。这些问题不是某个人带来的，是发展带来的。比如说，有的学生反映网速慢，网速慢可能是因为他们看流媒体等造成的。但在现在的情况下，不让学生看也不现实，这也是一种学习。而且现在大学生的数量多了，还要通过网络等不同的传播方式提高他们的学习兴趣。

如何调动学生们的兴趣？实际上这是一个在新的形势下怎么让大学生学得更好的问题。在教学方面，我们有那么多的精品课，要做好的话全是流媒体，那样的话流量会更大。我一直有个观点，要用做大片的方法来做课件，而且不要太长。这对网络的要求就越来越高，所以我们的网络第一要保证学生和老师用好；第二要保证科研、人才培养和社会服务的需要；第三要保证安全。

当前发展中有这么多问题，怎么办？我们要有一个规划，找到我们的瓶颈，看问题到底在哪儿。是出口不够，还是入口拥塞，无非是一进一出。我们先把问题列出来，再一个一个解决。

我们也要做个规划，比如建设数字大学。我们在物理上、技术条件上缺哪一块，就要在哪一块做成一个整体的、无缝的、不同地域的标准。当然这是比较远的目标了。

关于大学改革：构建制度文化，推进内涵式发展

大学改革的原因

——在中南大学改革发展研讨会上的讲话（2012 年 4 月 18 日）

中国现代意义上的大学，是在 19 世纪末 20 世纪初，随着传统教育的衰落和现代教育的兴起而出现的。在这近百年历史中，中国大学的发展总体而言是非常好的，但也存在着一些问题。有问题就要改，只有改掉这些问题，大学才会有更长远的发展。

由于经济全球化的进程不断推进，国际竞争日趋激烈，各国的竞争归根到底是人才的竞争。近年来，国家先后实施了科教兴国和人才强国战略，教育优先发展的地位进一步巩固，对教育的投入也逐步加大，高等教育迎来良好的发展机遇。与此同时，“中国特色、世界水平”正成为许多高水平大学建设的共识，各高校之间的竞争也日趋激烈。

以中南大学为例，合并十多年来，学校各项事业蓬勃发展，社会声誉不断提升，改革发展取得的巨大成绩，有目共睹。但是，成绩不讲跑不了，问题不讲也解决不了。讲问题不是说中南大学落后了，相反，中南大学发展得很快，但有些问题是全国性的，有些问题是发展快了积累下来的。这些问题如果不及时解决，可能就会阻碍学校的进一步发展。

我归纳了一下，现存的问题大概包括以下几点。

1. 人的问题：人才匮乏

我们最大的问题就是人才队伍问题，友校的队伍是越做越大，我们的队伍是人数越做越多，质量很难下定论，是否能形成不断出学术领军人物的团队或梯队也存疑。我们的院士下面还能否再出院士？院士下面有几个长江学者？长江学者下面又有几个杰出青年？这个原因在哪？我觉得是多方面的。

中南大学的院士数量很多，工程院院士数量位居全国前列。但是，我们的优秀青年教师和在全国有影响力的教师就很少了。我们现在虽然大力引进"千人计划"，但是"千人计划"的实施有一个过程，真正在国内产生较大影响尚需时日。另外，我们的长江学者、国家杰出青年的数量都少得可怜。

我们的中坚力量也存在一些问题。全校有一千多名正副教授，但在全国有较大影响、能冲击院士的掰着指头就能数得出来。我们在学术梯队、人才结构、拼搏精神等方面，与国家需要比、与兄弟院校比，都有许多需要改进的地方。

总的来说，我们在人才队伍上有亮点，但亮点下面也还有大片的"黑地"，而且亮点没有照到这些"黑地"。一所大学的发展，如果没有大批的优秀人才支撑，没有群星闪烁，是不行的。

2. 钱的问题：科研经费不足

我们办学要讲究三个效益，一个是社会效益，一个是学术效益，再一个就是经济效益。我们对社会效益和学术效益讲得比较多，但对经济效益讲得比较少。

其实，我们办学要讲经济效益。没有经济效益，饭都吃不饱，还怎么办学啊，还讲什么社会效益、学术效益？当然了，我们处的位置不一样，你们讲学术效益、社会效益都是对的，但是我们作为学校当家人，管大家的吃喝拉撒睡，没钱就会有大麻烦。

中南大学地处中部，虽然是"985 工程"高校，国家在投入上有一定倾斜，但与中南大学的地位和学生总数比，这些钱不算多。因为我们地处中部，没有地方配套，不像上海、江苏或者其他地区，地方有 1：1 的配套经费。与此同时，那些学校的“985 工程”经费要比我们多得多。

> 比如在 2012 年，清华和北大的 985 工程拨款是 33 亿元，上海交大和复旦是 18 亿元，而我们只有 5 亿多元。在 2011 年，中南大学的运转经费是 27 亿元，清华是 120 亿元。清华有 30000 多名学生，而我们有 53000 名学生，其中 35000 名本科生，18000 名研究生，学生数量位列全国第五，可谓“狼多肉少”。

反映在学校的财力上，可支配的经费便非常有限。2011 年，我们的科研经费到校的只有 7 亿元，这些钱并不多。而且，科研经费学校无权直接动用。

在科研经费问题上，学校自身要做检查，因为很多政策没有落实到位。一方面改革是把学校发放的绩效向教学倾斜得比较多，但另一方面我们是想让科研人员的绩效从科研经费的绩效预算或横向科研经费中支出，但这块政策没有到位。这些都需要我们尽快去落实。

大学的发展和建设受到经费多少的制约。学校要涨工资、要盖新楼房、要买新科研设备、要为本科生和研究生建新宿舍和新实验室、要装空调、要建数字校园、要改善食堂……没钱，什么都难做。

> 我在网上听过这样一首歌，是中南大学版的《董小姐》，名字改为了《张校长》，唱得挺好听的，歌词是学生要求装空调这件事。刚听到这首歌时我的第一反应是：学生怎么有那么大的情绪？后来看了视频，我不禁热泪盈眶：学生们晚上热得睡不着，跑到大楼顶上睡！长沙的夏天太热了，我们自己也受不了。

我们一定要以最快的速度解决装空调的问题。

3. 管理的问题：管理体制不顺

现在国家的一个部委，一般也就一两百人，而教育部属于大部，有 470 个编制，管理全国的高等教育和基础教育，以及留学生等。中南大学的机关有 30 个处，600 人，管理着全校 6000 多人的教师队伍，还有 53000 名学生。而这 600 个机关人员，不包括校领导和二级学院的行政管理人员，也不包括保卫、后勤集团等工作人员。

在这 6000 多名教师里，真正在一线工作的只有 3000 多名，包括教师和科研人员，剩下的有 1000 多是工人，还有图书馆管理员、档案管理员、行政人员、辅导员等。可以说，我们的队伍结构是不合理的。我们的机关不仅大，还占了学校的较大部分预算。

我们有 30 个二级学院，有 50 多家二级单位。这些二级单位的工作怎么干，很少能看到一个系统设计和规划。个别二级单位喜欢用权，要权力不要服务，门难进、脸难看，还代替学校常委会和校务会自主决策。正如有句话所说："下面斗不过上面，上面搞不明白下面。"

管理体制不顺的同时，管理能力亟待提高。办事不讲程序、不以人为本的情况还很常见。我们的许多重要决定，不是在常委会、校务会上做出的，我们的处级机构、公司自己早就做好了决定，而且事后也不报告。要知道，在任何一个法人单位，二级机构只有执行权和建议权，这是常识。

管理能力不高便会带来两大问题，一是容易出事，二是效益不高。

> 比如，我们的企业和出版社，拥有那么好的品牌资源，学校有那么多的成果，但就是见不到效益。

4. 学科的问题：发展方向不明确

学校传统学科多，新兴学科发展慢，传统学科新的发展方向不明确。有的学院有很多个一级学科，每个人一个方向，弄得很分散，也没有团队。为什么没有团队？因为每个人都在搞自己的小方向，而且这些方向又以传统学科居多。材料科学、生命科学、信息科学三大新兴学科方面，老师从事工程项目的多，从事科学理论研究的少，不少老师只重视成果转化、重视办公司。在新兴材料领域，我们的材料学科也没有走在前列。

大学是以学术为主还是以产学研结合为主？很多人没有一个清楚的认识，没有一个合适的把握。为什么学校先导专项报不出来？先导专项的要求很清楚，就是要在今后 5 到 10 年内，能够引领学科的发展方向。

5. 认识的问题：认识不到位

在大学的改革和发展过程中，以上 4 个问题必须引起足够的重视，需要认真解决。这 4 个问题，一个是人的问题，一个是钱的问题，一个是管理的问题，一个是学科的问题。下面我们来说最后一个问题——认识的问题，也是哲学问题。

大学在今后如何发展？怎样在激烈的竞争中持续进步呢？我们要建国际一流大学，但什么是国际一流大学？怎样才能建成国际一流大学？我们距国际一流大学还有多远？可以说，我们都缺少深入的思考。

事实上，上述问题的存在，已经对学校的教学科研产生了很多不好的影响。例如：

（1）学生缺乏自觉性、责任心、价值判断

虽然相对某些学校，我们的学风、教风是比较好的，但还是有同学以及家长写信反映我们的考试作弊问题非常严重。

有一次，我收到一名学生家长写的匿名信，他的孩子在中南大学就读。这位家长忧心忡忡地向我反映了这样一个问题：学生考试作弊带有公开性、普遍性。

监考时，很多老师都不愿意去，而是让自己带的研究生去，这是因为监考不给钱或者给钱少，还占用他们自己的时间。研究生去监考，责任心就不是很强，考场纪律相对就松。

还有些时候，去监考的是班级辅导员或班主任。如果学生们在考试时正好碰上自己的辅导员或班主任监考，就会公开抄袭，公开递纸条。这种“你抄我、我抄你”的情况，自己的班主任和辅导员往往“睁一眼闭一眼”，他们都不愿意自己班的学生考试挂科。

考试纪律的问题，我们要认真抓、必须抓。如果把作弊当成一种正常的现象，那就没有什么事不能干了。中南不允许邪气，我们要树正气。

还有，老师要求严格一点就挨骂。如果任课老师要求严了一点，有的学生就会写 E-mail 给老师，邮件中的有些话不堪入耳！这种做法，对得起老师的培养吗？对得起老师的教诲吗？我真心希望这只是个别现象！但个别现象也不好。我们要求老师要爱学生，但也希望学生爱老师。

学生要好好学习，要培养正确的价值判断和分辨能力，要对自己、对家庭、对社会有所担当。不要只想着文凭，想着找个好工作。光想是没有用的，我们要在学校抓住各种机会，培养自己的职业精神、创新精神，以及相关的各种能力。当你有了提升之后，还愁“前路无知己”吗？还有些学生，可能连文凭和工作也不想要了。他们晚上上网，白天睡觉，或者是沉迷于其他不当爱好中难以自拔。这些学生肯定仅是极少数，但这种情况十分可怕。家长把孩子交给我们，我们有责任把每一个孩子培养成才。

（2）部分教师的责任心不强

现在有些老师总想做点科研项目，既能有经费，又能有成果。但项目也不好申报，需要汇报和走流程，会占用老师大量的时间。这样一来，就分散了老师在教学和人才培养上的时间。教授不上讲台、不讲课、不重视教学、不育人，这些都是问题。带研究生也有许多值得反思的地方，有些教授“用人不育人”，把研究生当作干活的劳动力，只想着让研究生完成任务，很少想要把学生培养成什么样的人和怎样培养人的问题。

（3）科研在大面上待提升

中南大学在科研上有几个亮点，比如材料、粉末冶金、超高速飞行器、大型复杂制造、生殖与遗传、基因、铁道桥梁、隧道和高铁等。我认为这些亮点都很突出，但衬托亮点的面则很是一般。缺了面的支撑，万一亮点不亮了，新的亮点便很难冒出来。

（4）环境建设难度很大

环境建设，既包括硬环境，也包括软环境。中南大学是教育部直属院校中周边环境最差的。学校周围从最原始的农村，一直延伸到最现代化的研究所。有的地方一出去就是地摊，村落就在那里。这样的道路有好多条，从四面八方通到校园。

这些问题都摆在那里，明眼人一眼就能看见，不解决就会影响发展。那么如何解决？只能靠改革，这就是我们一直大力推行大学综合改革的原因所在。

改革的目标：特色+一流

——在离退休干部党校第一期培训班上的讲话（2012 年 6 月 20 日）

改革不能就事论事，不能头痛医头、脚痛医脚，需要有一个系统的策划和总体的推进。

我们改革的目标是什么？从大学建设的角度用 4 个字来概括是：特色、一流；用 8 个字来概况是：中国特色、世界一流。具体点说，就是如何进一步发挥大学的特色，使它成为一所高水平的大学。一切改革都要围绕这个目标设计和前进。这是一个长期目标，需要几代人的努力。

从近期目标来看，改革首先是要给大家带来实惠，要让大家生活得更好一点；要激发大家的活力，通过激发活力推进工作；我们还要提高人才水平和学术水平，让优秀人才汇聚到我们的大学里来。

其次，我们准备在一些有特色的领域，比如新材料与制造、环境与资源、天然产物与人工合成生物、制药、生殖与遗传、基因、高铁、桥梁与隧道等方面，结合协同创新计划设置布局，争取有新的亮点、出大的成果，使中南大学在国家需求服务方面、在学术成果产出方面更上一层、更进一步。

最后，我们要逐步改革管理体制和机制，建立并完善现代大学制度。此外，我们还要建设数字校园和和谐校园。在数字校园建设方面，我们已经有了好的进展。我们要大力度建设校园的无线网和光纤网，同时还要做一些应用系统。下一个革命的浪潮是移动互联网，目前正处在快速发展的过程中，我们要走在中国大学的前面。

通过这些目标的逐步实现，我们最终要建成一所什么样的大学呢？我认为符合下面四条中的一到两条就可以了。

1. 要在基础研究领域对人类社会有贡献

这要求我们在人类知识宝库中贡献“大克拉的钻石”。作为一所大学，如果在基础研究领域有所贡献，就有了长期稳步发展的基石。

> 我总喜欢拿俄罗斯的圣彼得堡大学举例子，因为它不是人们经常提到的那种一流大学，但我参观以后真的很感动！这里的大学校园、教学楼和宿舍很陈旧，教授的工资水平很低，但圣彼得堡大学出过门捷列夫那样的大师，门捷列夫化学元素周期表就诞生在那里。还有，电力领域的波波夫传播方程也诞生在那里。
>
> 在这所大学里，有一座很长的大楼，已经很旧了。大楼里有一个长廊，长廊的两边，挂满了建校以来教授们的照片和介绍，穿过长廊时人们会非常感动！

我们要做让世界认可的科研，要做对人类知识宝库有贡献的科研，不能总是跟在别人的后面。现在流行这样一个提法，叫“disruptive research”或“disruptive technology”，就是强调别人做的东西你不要做。如果总跟在别人后面，我们的基础科研做得越多就会越落后。如果你做的都是别人在做的科研，你就是在帮助别人做科研，人家提出来的思想，你在跟着实践。就算你写了很多论文，其他人也经常引用，但归根结底都是别人的，不属于自己。

开展科研一定要把基础理论与对接国家需求一起抓好。很多工科的老师错误地认为：工科老师是做工程的，不会也不需要写论文。没有论文，怎么记录在工程过程中发现的问题？解决方案怎么流传下来？法拉第进行电磁感应研究，也是在实践过程中发现的，并上升为理论，进而影响了人类的发展历程。瓦特发明蒸汽机，是将现象提炼成了理论。人类通过自己的观察，把发现的规律变成了理论，从而促进了社会经济的发展。

此外，“科学研究是为了自己”这样的想法是不对的，科学研究应该是为了全人类。所有的科研工作者，如果只想如何获得好的评价、想争取点科研经费，那么格局就太小了。如果格局大一点，就能把科研当成一种享受，当成人生价值的追求，这样才有可能把真理追求到极致，才能产生流传后世的成果。有了这样的成果，在国家科研经费大幅度增加的情况下，还怕争取不到很多经费？很多老师争取不到经费，很大的原因在于没有走出去，没有达到真正做科研的境界。

在基础理论研究方面，我们要能静下心来，先不去想要争取多少资助、拿到多少绩效，要先扎扎实实搞出成果，积极对接国家需求，这样才能有前景。

2. 要为拉动社会经济发展的核心竞争力做贡献

中国一直在强调建设创新型国家，湖南省也一直在搞“四化两型”（四化：新型工业化、农业现代化、新型城镇化、信息化；两型：资源节约型、环境友好型），那么我们如何为国家和区域经济的发展做贡献？说到底，我们要靠有核心竞争力的技术和成果。

中南大学确实已经取得了一些好的成果，比如飞机刹车片等。但我觉得最好的成果，是湘雅医院卢光琇教授的生殖和遗传研究。

> 湘雅大酒店每天都挤得满满当当，到处都是人，电梯根本就上不去，就连周围很多酒店，都是在为卢光琇教授的病人服务。许多人在那一住就是半年，真是拉动了一个产业的发展，同时又造福了千家万户，被患者们亲切地称为“送子观音”！

在这个领域，我们有创新、有技术、有产业，社会效益和经济效益取得了双丰收，这是件很了不起的事情。像这样的研究，不妨多尝试一些。

斯坦福大学并不是得诺贝尔奖最多的大学，但硅谷就是斯坦福大学的教授和学生建立起来的，它有核心竞争力的原创性成果，这些成果拉动了加州、美国甚至世界的经济发展。加州地区的生产总值超过了世界上的很多国家，主要靠的就是硅谷、靠的就是斯坦福大学。

3. 要有活跃在国内国际舞台上的人才

中南大学培养了许多优秀人才，有政府高官、大企业家、大科学家等，这是了不得的事，这也说明我们在国内是很有地位的大学。但是，如果想要在国际上也有地位，我们就要培养联合国的秘书长、副秘书长，国际机构的理事长和国际知名的大学者。现在活跃在国际舞台上的人才，出自中南大学的太少了。

在我们的毕业生中很少有直接到国外的跨国集团或国外的大学就职的，即便有一些，也是在国外大学再读一个学位之后才任职的。我们要有点志向，要让中南大学培养的博士一出去就能在国外找到好的工作。为什么美国的博士一毕业就能到我们这里当教授，而我们的博士毕业后就不能到美国当教授呢？当然，这需要一个过程，但作为一流大学，这是个目标。

4. 要有跨越时空的文化积淀

大学要有自己的文化，从某种意义上讲，坚持就是文化。其实，中南大学有着很好的文化基础，我们敢为人先、敢于坚持，很多事情想好了就去干，不退却。这对教学、科研和学术来说，是非常好的事情，大学就是要创新！

以上，就是中南大学改革的目标，远的近的都有，望我辈携手并肩，戮力前行。

大学改革的落脚点

——在中南大学改革发展研讨会上的讲话（2012 年 4 月 18 日）

大学改革势在必行，而要想改革就要找到落脚点。大学改革的落脚点要体现在以下几个方面。

1. 科研经费和项目要增长

不管哪个学院，如果科研经费不断下降，项目做不起来或者很少，那么就说明有问题。问题在哪儿？首先是学校的问题，可能是因为学校的体制机制没放开，学校肯定会努力改进。如果学校努力了，但学院的科研经费还是没上来，就要打学院领导的板子，是大家在管理上没下够功夫、没做到位。

2. 努力抓好本科教学

之所以不提研究生教学，是因为研究生是一种资源，是科研创新的重要力量。大学科研不仅需要拿项目，拿了项目之后还要有人去做。研究生需要通过和导师共同做研究来提高自身的水平，如果不把研究生放到项目中去培养，那么他们的水平便很难得到提升。

因此，我们的改革重点是要加强本科教学投入，把本科教学抓好。院长、书记都是教授，都要带头给本科生讲课。我们不能只要求其他教授上讲台，而自己不上讲台。

另外，本科教学一定要通过科研带教学。教授也不能只教课、不搞科研。据了解，学校还有部分教授是“三无”教授，他们在长达三年的考核时间里，无项目、无论文、无成果，只讲课。光讲课是不行的。不是不给大家创造安居乐业的环境，太“安居乐业”了也不行。所以一定要有责、有权、有利。学校不断创造好的环境，教授也得好好做学问、教书育人。大家只讲科研经费少了，但是找科研经费还得靠自己。学校就是要通过改革来激发大家的积极性。

3. 激发青年教师的积极性

学校要把青年教师队伍激活。有些人认为，青年教师不去讲课甚至少讲课，是加重了他们的负担，这种想法是不对的。我们提出青年教师不讲课的出发点，是让他们集中精力把自己的科研地位和科研能力提上来。青年教师既要搞科研又要讲课，时间上不够用。让他们在一段时间内专心致志地把科研做好，这显然是减少他们的工作量，而不是加重他们的负担。

同时，我们把国家拨给学校的科研基本业务经费分配给新进校的青年教师作为“第一桶金”，不能再像原来那样，把这笔经费放在科研部门去培育一些“973 计划”之类的大项目。学校把这笔经费拿过来，按照财政部和教育部的要求，为新进校的青年教师提供第一笔科研经费，让他们用这笔钱去打牢发展的基础。学校给了青年教师这笔钱，让大家尽心尽力、全心全意地做科研，然后去提升能力。

4. 在学科交叉或学科新的增长点上寻求新突破

这一点具体怎么做？一是进行研究生培养和管理的改革，二是进行二级学科的自主设置。现在很多学院新的学科增长点没有博士授权，大家迫切需要带博士，但是又没有授权。这件事我们每年会安排一个固定的节点来解决。

每个学院可以根据研究生院设定的条件进行准备，当然这些条件不会太难，也不会太复杂，核心要求就是要有名教授，同时这个教授要有大项目、要有经费。学院争取到了经费，又有比较有名的教授，就可以向学校申请设一个二级学科博士点，这个二级学科博士点的设置权在学校。

所有一级学科都是学校的共同资产，不存在某个学院的博士点挂在其他学院的情况。学位委员会也是学校统一的学位委员会。任何没有一级学科的学院只要有名教授、有科研项目，都可以向学校申请设置二级学科博士点。同时，没有项目、没有经费、没有名教授的学院，研究生院也可以取消二级学科博士点。取消是按照条件取消，不是行政取消。

关于交叉学科方面，我们鼓励文科的交叉做点工科的东西，工科的交叉做点文科的东西。对这类博士学位的授予，我们建议在所在二级学院讨论后，交到学校统一解决。通过这个办法，可以解决学校新的学科点的设立或学科交叉的问题。

5.“大部制”协同创新

协同是件特别难的事情。事实上，我们搞“大部制”，设立新的以科研为主的虚拟平台和中心，就是想把项目做得大一点、基础打得牢一点、比别人强一点。国家协同创新主要支持后续发展，这需要我们在前面做很多工作，还要面对需求时明确是给行业做还是为地方做，自己不要琢磨没有需求的项目。

此外，还要机制与体制相适应。“大部制”就是要适应协同创新，它是一个虚实结合的、开放的组织，以项目为纽带，让大家整合资源，共同做一件事。大家在“大部制”纽带下把项目整合好，通过学校的努力，逐步上报，争取国家协同创新的项目。不通过这种科技平台，不通过虚实结合的新机制、新体制，想要拿到大项目难度很大。

大学所有的改革，都是在法制条件下进行的，法制包括国家的法规、教育部的法规和大学自己制定的规则。我们在推进改革时，要坚持“三讲”。

（1）讲规则

关于改革，我们的原则是稳中求进。方案成熟了，大家觉得可以了，我们再推进。如果大家觉得有不够成熟、没弄清楚的地方，就暂不执行。我们要出台的文件肯定是可操作的。我们要一步一步来，多认真思考、多讨论、多商量，这样的话改革是会成功的。

如果规则定好、文件印出来，而领导干部们没看，或者不学习、不组织去操作和实施，出问题后就得自己负责了。我们希望建立“大学制定政策、二级学院执行政策、师生员工监督政策”的体制。

（2）讲程序

改革的成败，关键是要落实到讲程序上。任何事情，一旦不讲程序，就会出现很多问题和漏洞；只要是按程序去办，成功的可能性就很大。程序是规则的执行和操作过程，如果学院严格按制定的规则和程序操作，就能体现出相对公平，矛盾就会少许多。

（3）讲道理

我们要充分考虑群众的利益，要讲道理，要把群众的利益始终放在第一位。如果我们把群众的利益放在第一位来设计改革，无论对谁都交代得过去。

我们常说“惟楚有才”，中南人都聪明敢干，我觉得改革是可以实现的。希望在学校党委的领导下，在大家的支持下，我们能共同努力，一起把中南大学建设得更好！

大学改革的基本原则

大学改革面临很多问题，我们在改革过程中要把握好以下几个基本原则。

1. 推进改革，要分清楚是以人为本还是以项目为本

我在各种场合反复强调，我们所有改革的出发点都是以人为本，就是要让我们的师生在学校辛苦并快乐地学习和工作，这是最关键的。大家在一起工作不容易，是缘分。大家要尽力把工作做好，但是也不要有太大的负担。

第一要确保大家在经济上过得去。我们现在的收入水平，比起某些大企业的平均水平还要高一些。第二就是要有话语权。有两件事很重要，一个是吃饱，一个是说得出话。大家说什么话都可以，不报复、不打棍子、不扣帽子、不抓辫子，但是要讲规矩，底线不能踩。学校实行民主管理，校长信箱、书记信箱都是随时畅通的。而且学校要求每一位校领导都要下去调研，特别是要到联系学院去调研。常委会、校务会多次明确，学院的问题直接通过联系校领导提交校务会或常委会。学院有什么问题要解决，联系校领导必须负责把这个问题带到会上去。学校的管理要尽量实现扁平化，校领导、机关处都是为一线的老师服务的。

我们要经常沟通，说得对就办，有不理解的就解释，沟通不了的达到了共识再执行，如此一来这个学校、这个单位就会比较和谐安定。

2. 推进改革，要把握是学院办校还是校办学院

我们学校有个现象，不管是调研还是开会，总有一批人在讲学校这个没有投入、那个没有投入，就是等着学校来投入，等着学校来做事情。有些事情是学校不知道，所以没有做。但同时，学校领导没有三头六臂，不是什么都懂，特别是在学术上。

学校领导是服务员，在公共环节、大的政策、资金的运转、人事的安排等方面提供服务；在学院该怎么发展、该怎么办的问题上，要学校来指挥那是瞎指挥。学院要在学校的政策下，发挥主体作用，规划好学科方向，到全世界去找符合发展方向的学术领军人才，确保有规划、有步骤、有梯队。总体来说，学院的任务，一是把握发展方向，二是引进人才，三是公开公正地让大家发表意见，在学院创造良好的环境。

学院如何获得动力？要依靠每个教授。就像身体一样，细胞是最基本的功能单元，细胞的活力强，人的活力就强。我们只有保持每一个细胞都有很强的活力，才能形成健壮的肌体。每一个教授就是一个细胞，都要为学科方向、为学院着想。只要每一个教授都能把活力发挥出来，把学术网展开，我们学院、学科基因链就能集聚起强大的能量。

现在讲"教授治学"，教授管什么呢？管学院进人权，管学术发展方向，而不是管干部任免。教授委员会要学会按照规则办事、协商办事。一些大事由教授委员会提出意见，党政联席会做出决策。学院党委要发挥党委的核心领导作用，要把院长、副院长、教授、积极分子等团结成一个坚强的战斗堡垒，支持院长领导院里的工作，以党员的带动作用去推动各项事业的发展，去凝聚学科发展方向，营造良好的学术氛围，树立正气，从而不断提高学术水平。

所以，究竟是学院办校还是校办学院，这个问题我们一定要想一想。如果我们认为校办学院好，一切都是学校说了算，那么原来的权力下放、教授委员会都要改正过来。在学院设置教授委员会，把职称评审权、进人权下放到学院，其出发点和目标都是学院办校。

3. 推进改革，要把握是供给侧改革还是消费侧改革

学科结构调整、大类招生、培养模式改革、博士生导师遴选改革等举措，都是供给侧改革，是从高等教育本身不合理的地方进行的改革。比如学科结构调整，不调整行不行？68 个一级学科调整为 46 个，是好还是不好？学科越多，饼摊得越薄，就这么多人，出去和别人竞争，肯定要排在后面，对学生也不负责任。很多学校一个学院就一个一级学科，我们有的一个小学院还有好几个一

级学科，怎么去跟别人竞争？不要说竞争，从自身的发展来看都有困难。

所谓消费侧改革，就是要瞄准国家需求和学术发展方向，改革那些不符合学科发展和出成果的东西。学校从来没有要求老师出多少论文、拿多少奖、申请多少专利。这些都是改革搞好之后的自然结果。

教授首先是要把教学搞好。学生是一个学校的本。教学要是没搞好，大学就不是一所称职的大学。我们要先把学生关心好，把教学搞好，把人才培养好。这是一个大学对社会最大的贡献。当然，这需要有一批一流的教授，这些教授需要有很强的科研能力和经验。学校并不在乎一时一刻是否能拿到重大的奖项，或者获得重要的科研成果。科研成果是水到渠成的东西。学校要提供宽松的环境。哪一个大师是预先就知道自己可以出成果的？这需要宽松环境下长期的磨炼、长期的努力。

4．推进改革，规矩要挺在前面

我们所有人组成了一个团队，没有规矩不成方圆。首先是政治规矩，要更加紧密地团结在以习近平同志为核心的党中央周围，坚持党的领导，坚持社会主义办学方向，一定要把政治规矩挺在前面。然后是学校治校的规矩，最后是学院定的规矩。在遵守规矩的前提下，最大限度地发挥自己的自由。是规矩在前面还是权力在前面？这是每一个人都要认真思考的问题。我们要把权力关进制度的笼子里，而不要把权力放在规矩前面，不能逾越规矩和制度用权。

改革最大的难题，是停留在过去的思维上

——关于学校“十三五”规划编制工作的报告（2016年6月28日）

自合校以来，中南大学的改革步伐从未停止。历届校领导班子在党委领导下，一直在不同程度地推动着各方面的改革。中南大学的发展，应该说是在改革中的发展。

2012年以后的校内综合改革，实际上是把以前实施的各种改革进行了系统统筹后，根据新形势和新要求提出的新举措。这些举措的核心是建立制度、执行制度、凝聚人心、追求卓越。这几年的实践证明，我们改革的主流思想符合国家发展潮流和高等教育的发展规律。

中南大学以人事制度为改革的龙头。我们在2012年就提出了事业编和非事业编合一，同工同待遇。两种编制都可以存在临时和长期两种情况。事业编按人力资源和社会保障部的《事业单位人事管理条例》进行管理，非事业编按《中华人民共和国劳动合同法》进行管理。

从2015年开始，国家推行的改革已经在朝这个方向走了。现在北京等地的高校已经取消编制了。所谓的取消编制，就是事业编、非事业编合一，今后进校的人不用管自己是什么编制，只要有岗位就行了。以前国家发放的退休工资、医疗保险待遇全部统筹进社保和医保。当然，我们的人事制度改革还包括了评价体系、薪酬制度等其他许多内容。

尽管学校党政推进改革的决心和力度很大，也取得了很大的成绩。但实际上改革的难度是非常大的。曾有人问我，这几年学校的改革到底是成功了还是失败了？我认为，有许多值得总结和研究的地方。

我自己感觉遗憾的是原来预计的改革目标没有达到。没有达到的原因，主要还是我们的思想、文化和认识水平跟不上，执行规则和遵守规则的环境没有建设好。但是，在党委的领导下，我们改革的目标、路径、措施是对的，起码没有大问题。判断标准是什么？大多数群众是否满意，学生们是否满意，我们

的党是否满意。这几个判断标准的答案，需要有数据支撑，但在我们心里应该有个基本感受。

由于中南大学长期的办学习惯和文化等因素，在改革的执行过程中，我们的实际执行力度与需要达到的目标之间还存在一定的距离，许多改革的思路和举措没有全部传达到群众中去，这是我们工作上的失误。为什么会出现这种情况？我认为，主要原因是我们的办事习惯还停留在过去的思维上。

1. 改革受过去的思维束缚

很多时候，我们的身子动了，但是屁股没有动，一切都得循序渐进。自从机关实行改革后，机关的同志办事讲规矩多了，但是学院的同志还有个别不讲规矩。

> 比如，学院的一些同志会在实验楼和教学楼里做饭，有的人甚至在楼里用大功率的电炉炒菜，这是非常危险的事情，容易引起火灾。这个现象，很多院领导也是看到过的，但为什么就不制止呢？为什么我们的政策执行起来这么难？我认为，这是怕得罪人，不敢管、不愿管。久而久之，就变成了没人管。

大学改革和发展的重要任务之一，是建立制度和执行制度，只有这样，我们才不会停留在过去的思维上。通常，制度文化包括三个方面：一是制度制定，二是制度规则的执行，三是把执行规则变成自觉的行动。把执行变成一种自觉的行为就是文化，但这是很难的事情。我们要在短时间里把学校变成一个办事规范、做事讲规则的地方，困难重重。

> 有一次，我参加学校的国资委会议，有职能部门在会上提出：贵重仪器使用收费的80%要留给某个单位。
>
> 我问："为什么要这样？"
>
> 对方回答："如果不留80%的钱，就不能顺利推动工作，就会出

问题。”

我反驳道：“学校花钱付工资、买设备和出房子，赚的钱为什么要留给二级单位呢？为什么不采用收支两条线？不留下一些钱，工作就推不动？设备几天就给搞坏了、没用了？”

显然，这些职能部门太低估我们工作人员的觉悟了。实验师是一份工作，工作就要有职业道德和职业精神。如果不愿意做这份工作，直接走人好了。

由此可见，改革的制度建设和执行过程真的是相当不容易，要花很长的时间。制度建好后，我们就要坚决执行，要让大家养成一个好的思维模式。

2. 制定改革规划要有辩证思考方法

针对大学存在的各种问题，我们要认真考虑在现有条件下把学校建成什么样。我认为，有些指标不要提得太高，提高了实现不了。我们自己坐在办公室里提出来的东西，许多都要根据形势的变化而变化，太细太高都不好。由于形势的不断变化，我们在做规划时要注意方向，切记不要提太多指标。我认为做规划最主要的不是规划内容，而是做规划的辩证思考方法。请大家记住以下“三个思考”，即系统地思考、辩证地思考和历史地思考。

（1）系统地思考

如果没有整体感和全局感，不曾进行系统的思考，人们很难做出正确的决定。

什么叫系统思考？举个例子，就是一个学院进多少人的问题。我很难回答，因为我没有系统思考这个学院的长期发展和现状。

学校人事下放编制，常规进人一年有五六十个，这不包括各种人才与学校的特聘教授、特聘副教授。这五六十个编制的标准依据是什么？能不能用图表分析一下？教师结构在 5 年后、10 年后会是什么样的分布情况？有的学院一年进 1 个，有的学院几年 1 个也不进。10 年后学院的教师结构会是什么样子？

目前，中南大学辅导员、机关行政管理队伍与一线教学人员的进人比例是 1∶2。同时，还有很多搞教学科研的人到了机关，进的非事业编基本都是教辅这一块。全校人员的结构和分布现在是一个什么样的情况？几年以后又会变成什么样呢？有没有一个系统的规划？

人事处可能有，但是我们大家没有看到，因此很难回答这个问题。

中南大学在引进“千人计划”“长江学者”等优秀人才时不做具体限制，但学校要重点发展哪些领域？要在哪些方面引进“千人计划”、培养“长江学者”和“杰出青年教师”？这些都没有系统的规划。学校前几年引进的人太多了，而且没有系统考虑，这几年问题就自然出现了，所以我们要收紧一下。当然，这还跟扩招和教学需求有一定的关系。

另外还有关于学生结构的系统思考问题。现在，我们的生源在不断减少。一流大学的本科生数量也不会太多。从教育规律本身来看，生源超过一定的量，对教育教学质量是有较大影响的。国内外优质的大学的本科招生数量都很少，比如清华大学一直保持每年只招 3000 多个本科生的水平，加州理工学院每年招收本科生不超过 1000 人。我们今后是减招、扩招还是保持不变？我们盖的这些房子、配备的师资等是不是要随之发生变化？5 年或 10 年以后，我们应该招多少本科生和研究生？在这些方面，我们都缺少系统模型。

我们总说应该尊重办学的发展规律，发展规律是什么？是外部条件和内部条件匹配以后得到的最高性价比，这也是值得我们思考的问题。

（2）辩证地思考

在学校推进改革时，有些改革措施可能太快了、执行不了。主要原因就是对内部的条件、对人员的现状掌握得不够，导致提的措施往往执行不到位。这就是缺少多方面的辩证的思考。

（3）历史地思考

在制定规划时，我们如果不看学校历史、不看我们的重点学科或我们的发展优势，而去照搬别人的做法，哪些新就跟风做哪些，那样是很难有新发展的，而且也很难做起来。

我们以前也建过不少新的学院，可效果并不理想。有的学院只有十几个教师，却设了好几个专业，还建设了好几个一级学科点。在这种师资条件下，如何去跟其他学校的相关学科比呢？这样反倒会把我们比较强的优势丢掉。中南大学原来有些学科是很强的，但经过了10年的发展之后，反而变差了；有些学科现在看来还可以，比如冶金，再过5年之后能否力争第一？这些事情，在做规划时我们都要多想一想。

中南大学的历史就是矿冶、铁道和医学，这是我们的根。

我们不改革，谁来改革

——在全校中层干部大会上的讲话（2012 年 9 月 10 日）

“为天地立心，为生民立命，为往圣继绝学，为万世开太平”。作为知识分子，这四句话实际上是对我们的价值、价值观和价值判断的要求。我们是社会的精英，是中华民族的优秀分子，在“中国特色、世界一流”大学建设任务落在我们肩上的时候，我们应该干什么？

范仲淹有一句很著名的话：“先天下之忧而忧，后天下之乐而乐。”我们既然要改革，那依靠谁来改革？不能只靠学校的几个校领导在这喊，我们要把全校师生员工发动起来参与改革。为天地立心，何谓天地？天地就是我们大家、就是人民大众！大学是我们每一个人的大学，国家是我们每一个人的国家，我们要建设高水平、有特色的一流大学，我们不干谁干？

如果我们不干、不投入，只想着等别人干好了我们再来摘“桃子”，享受改革的成果，那还为天地立什么心？为生民立什么命？所以，各级领导要花更多的精力、拿更多的时间，投身到改革中去。当然，你们除了做管理工作，还要承担教学、科研任务，谁让你们是院长、书记呢？你们肩负着学院发展的重任。

最近我听说在北大，如果某个专业或某个学院掉到全国前 10 名之后，这个专业或学院可能就不办了，学校就会将它撤掉。中南大学的声誉，虽然没有历史悠久的北京大学那么高，但也是“985”高校，也是一所很了不起的大学。大家有没有这种危机感？有没有通过改革把我们的专业和学科大踏步地往前推进的决心？

有些同志总是拿一些数字指标来评价自己。我觉得最重要的是可持续发展的学术环境和机制。大家不要总是比学校有多少个重点学科和重点专业，这些都不算什么。其实在我看来，即便一个也没有都没关系。但是，我们要出一流成果、出一流人才！要想出一流的成果和一流的人才，就要把可持续发展的学术环境以及机制体制建起来。

这一届的校领导，起码我本人是准备给中南大学后面的发展铺路的。怎么铺路？就是建体制机制、建环境，不唯指标。为了把我们的大学发展得更好，让它在与国内和国际高校的竞争中有胜出的可能，我们就要比别人更加辛苦一些。我们现在面临的困难和风险确实不小，大家不能光听赞歌，说这个好那个也好。我们现在最大的问题不是创新性不足的问题，而是激励创新的环境没有建设好。

> 我看过这样一段话，感触很深："一个民族如果有正确的价值观和一致的民族精神，即使物质匮乏，也会在很短的时间内恢复和发展起来，成为世界一流的强大民族。"
>
> 日本和德国就是这样的国家。第二次世界大战后他们缺吃少穿，贫穷得很，但他们有一种精神，就是全民族的奋发图强。据说，日本当时的最高检察长是战后饿死在办公室里的，因为日本的法律规定，不准在黑市上买粮食，于是他坚持不去买。在他死后，法医给他做尸体解剖时发现他的胃肠里面什么也没有。这代表着一种精神。
>
> 如果一个民族没有了精神，失去了自己的价值分析和判断标准，一切只看物质和金钱，那么物质再多也会很快灭亡。某一古国就是这样，强极一时，什么都有，生活奢侈，歪门邪道横行，但很快就灭亡了。

所以我认为，现在大学面临的深层次的问题是我们的价值扭曲问题。当权力和道德摆在面前让你选择的时候，你会选择道德吗？当金钱和知识摆在面前让你选择的时候，你会选择知识吗？当法律规则和关系摆在面前让你选择的时候，你会选择法律规则吗？我们不能建设一个只为熟人和朋友服务的社会、一个不尊重知识和人才的社会、一个不讲规则和法制的社会。

大学是一个民族的灵魂炼钢炉，要把社会上不好的东西"冶炼"掉，把"杂质"去掉，留下正义和良心。大学要为社会提供最好的人才，让他们将民族的精神发扬光大，去改造这个社会上不好的部分，这样社会才会有希望。如果学生在进校时带有杂质，出去后带着更多的杂质，整个社会会变成什么样？这种扭曲会给社会带来多大的影响？

尽管当前我们的教学科研任务非常重，但我们还是要以改革来推动发展、推进各项工作。学校改革，要依靠学校的各级领导，这是我们大家共同的责任和义务。让我们一起努力，把我们的大学建设得更好！

人事制度是改革的龙头

——在离退休干部党校第一期培训班上的讲话（2012 年 6 月 20 日）

在资源有限的条件下，要想达到改革的目标，采用什么样的路径最好？既要少折腾、少花钱，又要让大家心情愉快。另外，我们既要发展，又不能搞内部斗争；既要有不同意见的充分表达，又要不搞阴谋，服从大局。

改革最怕的是内斗，内斗会把有限的资源耗掉。如果不搞内斗，改革的成本就会降低；如果不搞内斗，把节省出来的钱用在增加教职工工资上，就会成为两全其美的事。

改革要选取一条相对好的路径，来激发大家的活力、来吸引优秀的人才。以教授治学，以学生为本，采取科教结合的办法，走内涵式发展道路，推进改革和提高质量。我们还要注重提升大学的品牌。如果我们不注重品牌建设，人家连中南大学在哪儿可能都不知道，更别提这是不是一所好大学。

为了实现激发大家的活力、广揽中青年人才、提高质量和品牌的目标，我们要推动改革。一次比较大的改革是在本年年初，当时学校启动了 6 项改革：人事制度的改革、教学与人才培养模式的改革、研究生培养机制的改革、科研体制的改革、医学教育的改革以及管理体制与机制的改革。这 6 项改革都是以人事制度改革为龙头，各种改革的核心都是调动人的积极性。所以，如果人事制度改革改得不好，那我们就达不到调动人的积极性这一目的。

人事处的工作量很大，涉及进人、考评、工资、职称、退休、医保等，每方面都有一大摊子事情，并且都非常重要。那么，我们应该如何进行人事制度的改革呢？

1. 准入与退出机制改革

准入与退出机制改革，就是我们招什么样的人进入大学，如果他们干不好，怎样让其退出。

我们现在采用事业编和非事业编两种方式，都采用长期雇用人员和合同雇用人员两种形式。事业编既有长期的，也有合同的；非事业编也是既有长期的，也有合同的。所谓长期，就是指在学校工作了一段时间，一般是 10 年以上，根据工作情况的好坏进行评价，从而转为长期聘用或者解聘。

那么，事业编和非事业编的区别在哪儿呢？非事业编是谁用人谁负责，他的五险一金，由本人和雇佣单位交给社保部门，学校不再承担他的退休金和他看病的这些事情。学院和实验室如果要雇佣人，原来都要转成学校的事业编，这会导致一进来就出不去了。如果转成由机关或二级学院自己去雇佣，把用人和服务的层次打开，用的人也是大学的教职员工，管理上是一样的，但在医疗和退休等方面可以走社会化的路。同时，工资待遇也可以根据需求进行调整，高一点或低一点都可以，按市场机制确定，学校有关部门不再干涉。

事业编的管理依据是《事业单位人事管理条例》，而非事业编的管理依据是《中华人民共和国劳动合同法》。劳动合同法规定可以签几年临时合同，那就签几年临时合同。临时合同到期后，学校认为可以留下来的，便转为正式合同。非事业编与事业编同等待遇，享受学校的相关工资、绩效政策，但临时工不在此列。

人事工作是不能疏忽的，稍一疏忽就会留下后患。

2012 年之前，人事处实际上对青年教师已经实行了事业编的合同工和长期制度，就是“2+3”，即 2 年和 3 年时各考核一次，不合格的解聘。2012 年之后，我们改成了“2+3+3”的制度，即青年教师的 8 年考核制度。但很遗憾的是，在执行“2+3”制度时出了一点小问题，到期之前没有通知，到期之后对于考核不合格的青年教师没有及时辞退，这便导致了纠纷的产生。

管理一旦松了一个口子，其他口子就全都松了。千里之堤，溃于蚁穴。假如有一两个人不走，其他人就都可以不走。事业编、非事业编、“2+3”、“2+3+3”都要统一，没有例外。人事部门应该将之前的合同和出台的文件等都清理一遍，把与新文件不一致的、与新的改革精神和中央八项规定精神不一致的全部清理掉。

非事业编制人员的经费从哪里来？校机关非事业编制人员全部由学校负担，二级单位聘用并由二级单位使用的由二级单位负责；二级单位聘用的比如公共实验室的实验技术人员，经本科生院及有关专家委员会认定属于公共平台的，应该由学校负责。从理论上讲，已经规定得十分清楚了，为全校服务的就由学校负担，为小单位服务的就由小单位负担，但是要按照“同工同酬”的原则解决他们的待遇问题，包括小孩上幼儿园、上小学等问题。对于这些人，人事处要制定政策，既要把二级学院的用人权松开，同时又要保证大家的公共利益。

> 中南大学的口腔医院在这点上做得比较好。口腔医院的事业编是学校给的，只有 23 个，但口腔医院共有 110 多人，院聘了 90 多个人。这些聘用人员的工资、医保、五险一金都不是由学校出钱，而是口腔医院自己负责，他们从来不用担心自己不是正式编制，一律同工同酬。
>
> 与口腔医院相比，有些科研单位，比如轻合金研究院，机制一直都没有理顺，实际上就是对事业编、非事业编的改革政策没吃透。轻合金研究院已经有几个事业编的老师了，还需要研究人员怎么办？可以大量招聘非事业编的人，这些人的待遇从相关科研计划或横向科研项目的经费里出就行。轻合金研究院有足够的经费去聘人，学校每年为了督促他们按时花经费，要召开很多次会议。

在用人上，要调动二级单位的积极性，并把政策讲清楚。只要他们有经费，就可以用自己的经费招人。当然，人事处要负责考虑这些招来的人的管理和培训问题。

中央后来又出台了科研经费使用的新文件，所有科研项目负责人可以自己聘用会计。既然可以聘用会计，为什么不能聘用研究人员来参与项目研究呢？所以人事处的政策要放开，大家要吃透政策、系统考虑。

学校实行非事业编以后，还面临一个问题，就是10年以上的非事业编合同工，要转为长期的非事业编。中南大学有部分非事业编员工已经工作了10年以上，按照《中华人民共和国劳动合同法》，他们全部都要转为长期的。有些不符合学校要求的，应该提前通知对方。有些单位第一天通知、第二天就要求他离开，从没有多想想别人的难处。人事处一定要制定相关文件，辞退人的时候留给对方找工作的充分时间，一般应为3个月左右。做好这些工作，一是尊重劳动者，二是减少许多不必要的纠纷。

2. 晋升与评价制度改革

关于晋升制度，今后评职称，我们会取消对论文篇数的要求，把权力放给院里的同行。学校只有一条要求，就是副教授、教授晋级的时候，一定要看是否给本科生讲过课，讲得好不好，课时够不够，就是所谓的“教授一定要上讲台”。

相反，讲师不一定要上讲台，应该让他们安心搞科研，由教授把课教好。

现在有很多教授是不上讲台的，特别是知名的大教授不上讲台、不讲课。

各学院的教授委员会要把职称评审这件事做好。教授委员会两年一换届，在职称评审过程中的投票和评审过程要公开。

3. 分配制度改革

要以学院为主、以教学工作量为主来发放奖金和津贴。科研工作量学校发一部分，主要部分则要逐步过渡到以纵向科研项目的间接经费或横向项目的经费去发。对于青年教师，学校会保证他们的津贴和奖金，让他们有几年的时间进行创新性研究，期望他们在年轻的时候创造出好的成果。

学校在绩效分配上，要注意公开、公正和公平。我们有些学院，还存在分配绩效不公开、不公平的事。有的学院，在每年分配绩效时都吵架，主要是不公开引起的。如果我们连绩效评定这件事都做不好，还如何调动大家的积极性？这件事要靠教授委员会监督，公开、公平、公正地落实学校的政策。人事处要总监控，引导大家按程序和规则办事。

4. 人才引进制度改革

学校引进人才要以成果为主、以需求为主、以发展为主，不要看出身和“帽子”。我们原来有个规定，一定要本科学历为“985”学校的学生。“985”学校的学生就一定都很好吗？因此，我们一定要解放思想，要看成果、看发展。成果不够的不要、发展前景不好的不要，不能唯“985”、唯出身。

在学校的改革中，进人权要下放。学校认为学院最了解学科发展的情况与方向，所以把进人权下放到了学院。下放以后，有的学院没有好好管理，讲关系、自私、贪婪……人的很多恶的本性，都在权力中暴露出来。

关系不是不讲，关系要讲，但是要把规则、纪律放在前面。不然一个学校、一个单位会歪风邪气盛行，最后倒霉的还是自己。这样是不可持续的，没有哪个歪风邪气盛行的单位能长期发展。我们要为子孙后代着想，要在我们这一代人手上把好的风气、好的文化、好的优良传统建起来，再传下去。

在引进人才方面，人事处还要积极地思考怎么去引导学院从海外引进优秀人才。我们有个“531”计划，就是要汇聚 50 名左右的领军人才、300 名左右的骨干人才和 1000 名左右的青年人才。这是一个长期的计划。

在医疗学方面，学校启动了“湘雅名医”计划，3 年评出 100 名湘雅名医，每人资助 100 万元。

对于有成果的青年人，我们设置“特聘教授”和“特聘副教授”两个岗位，不受进人指标限制，随时可以引进到学校工作。

5. 科研体制改革

除了以前推出的大部制等之外，我们一是要制定横向经费和纵向经费的使用管理办法，二是除了给刚进校的青年教师一笔启动经费之外，在学校层面上再拿出一笔钱，启动“创新驱动计划”和“先导计划”。“创新驱动计划”主要针对青年教师，每个项目支持经费在100万元左右。“先导计划”主要针对团队，每个项目支持经费在500万元左右。

6. 管理体制机制改革

今后要走学校下放权力、学院办大学、学校制定政策和监督落实政策的道路。除了人事权、绩效分配权、学科建设权等要下放给院里之外，学校还要在各学院成立由民主选举产生的教授委员会。这个教授委员会每两年换届一次，负责学院的进人、职称评审、绩效发放和学科建设方面的建议咨询工作。院党政联席会议不得在没有经过教授委员会讨论的情况下通过以上几方面的工作决议。而且，院党政一把手不得担任教授委员会主任。

教学与人才培养模式改革

——在离退休干部党校第一期培训班上的讲话（2012 年 6 月 20 日）

在教学与人才培养模式改革方面，我们要明确培养目标。为了实现培养目标，我们要培养学生的价值判断、思考能力和交流能力，以及动手能力和学习能力，同时，我们也要培养学生的创新精神和人文精神。那么，我们怎么针对教学与人才培养模式进行改革呢?

1. 教学模式改革

在教学模式上，我们主要进行以下几个方向的改革。

（1）重新梳理完善学科的课程体系

现在我们不重视课程体系建设，很少去调整原来的课程体系。其实，课程体系直接决定培养目标。培养目标不同，课程体系和课程设置是要相应变化的。

（2）名师一定要上讲台

名师和教授上讲台，跟讲师上讲台是大有区别的。教授毕竟做过科研，他们的脑子里有一种创新的思维，他们会在讲课中把这些思维带出来。一个照本宣科的老师讲得再好，也不算好老师。有自己的思想、能讲出来才是好老师。

（3）提倡多动手、多实践

我们要提倡多动手、多实践，特别是对于工科和医科。我们要多建一批实习基地。对医科来讲要有三所附属医院，同时，我们也在有计划、有步骤地增设附属医院。

（4）主动式教学

我们要推进学生参与的主动式教学。

2. 人才培养模式改革

我们要重点推进研究生培养模式改革。我们现在每年招 5000 名硕士、1000 名博士，三年下来就是 18000 名，实际上以后还可能会超过这个数。对于博士生和硕士生，我们的培养目标有两类：一类是专业型的精英实用人才，还有一类是研究型的学术人才。

以前，我们对研究生没有进行分类。今后，对专业型的精英实用人才的培养，我们要走专业硕士的路子，不过多要求论文，但要求他们得具有动手和实践的能力以及职业道德精神。

> 现在有一种很不好的导向，就是要让搞专业的人才去做学术，做基础方面的研究。比如我们的临床大夫，为了评职称，为了增加 SCI 论文的指标，白天看病，晚上还得去读基础研究方面的论文、去做基础研究、去写论文；而写的东西和自己的临床又没有太大关系，甚至毫不相干。

这种导向要改变，临床大夫最重要的是提高临床水平、提高治病救人的能力。临床大夫要搞研究也是搞临床方面的研究，就在自己看病的领域，发现新问题、解决新问题，从而达到提高临床技能的目的，使自己成为一个更好的大夫。

大夫不能一边看病，一边做跟工作毫不相干的基础研究，搞得人很累，做出来的论文又没有多大用处，搞这样的研究干什么？所以，我们的研究生也一样，对于专业型的研究生就重点培养专业技能，提高自身的工作技能和经验、提高自己的职业道德。对于学术型的研究生就重点培养学术科研能力，引导其好好地做研究。

今后，我们的博士培养也可以分为两类——学术型和专业型。现在以学术型的为主，专业型的为辅。但是我们的导师队伍现在对此还分不清，不管是学术型还是专业型，都是按一个模式来培养。导师队伍的现状也是受导向影响。

今后我们不再要求专业型博士写这么多的论文；对于学术型的博士，我们要加强对其科研能力的培养。

我们的研究生数量比较大，他们是我们科研的一支重要力量。现在为什么要推进研究生培养机制的改革？因为我们把研究生当作创新的主力军。我们要求带研究生的导师要有科研经费，没有经费不带研究生，经费太少的也不带研究生。今后，没经费的导师带研究生只有两种情况：一种是导师特别有名气，学术造诣高，大家认可；另一种是虽然现在没有经费，但马上能争取到经费。

在研究生培养机制上，我们重点改革以下几点。

（1）学科设置权

我们知道，原来的博士点很难评，现在比较简单，学校定就可以了，主要是以教授为中心自主设置博士点。这样一来，学科交叉发展就容易实现了。教授有了新想法，就可以申报新的二级学科博士点，博士点的名字由教授自己定。

> 比如“物理化学”，早先我们很少把物理和化学联系到一起，但今后的联合就自然了；再如“天体数学”，是把几个不同的领域结合起来；还有“计算机艺术”，以前谁会想到计算机还有艺术，但是“计算机艺术”是一个很好的博士点，在国外设置了几十年。

这是博士点设置的改革：以教授为中心，以需求为导向，以经费为支撑。

（2）博导遴选制度

博导的认定标准是“四有”，即有博士学位、有科研经费、有科研项目、有学术地位。没有就不能遴选为博导，否则博士生跟着你也没事情做。没经费、没项目，就不能带博士。

（3）设置研究生奖学金

对于博士生和硕士生这些科研的主力军，我们要实行全额奖学金，学费全免，同时保证支付他们在学校的生活费。今后，我们大学会给每一个博士生、硕士生都发一定限度的生活费，硕士生少一点，博士生多一点。除此之外，导师还要发“三助”（助教、助研、助管）的津贴，使得这些主力军在学校的生活和科研有一个基本的保障。

以创新驱动科研体制改革

——在学校2014年科技工作会议上的讲话（2014年4月28日）+创新驱动计划（2015年5月12日）+在2016年中南大学科研与人才工作研讨会闭幕式上的讲话（2016年7月10日）

任何一所好大学，没有科研是站不住脚的，也成不了一流大学。世界知名的大学，都是以科研著称。只有科研，才能在人类知识宝库中留下成果。像哈佛、斯坦福这样的一流大学，是需要科研成果支撑的。

科研体制改革的目标是原始创新与协同创新相结合。

原始创新主要依靠个人，依靠个人思想的火花，这种创新主要是个人的智慧和灵感。这种创新往往花钱很少，但需要环境宽松。爱因斯坦提出了两个相对论，一分钱没花，因为那是他当图书馆管理员期间坐在那里想出来的。所以，真正的原始创新，需要的是宽松的环境和基本保障，需要我们的研究人员能坐冷板凳。我们要给青年教师一个宽松的环境，让他们有一段自由的创造时间与空间。协同创新是团队的事，需要我们大家一同合作。要瞄准国家需求、地方需求，组织、团结专家们和企业同行一起合作来创新。

真正的大成果不是一天两天就能取得的，而是靠长期的积累。我们的每个学科以前都有不少成绩和亮点，现在的关键是要在原有的基础上进行创新，为此得有一个长远的打算。

1. 当前科技工作存在的问题

（1）进入ESI全球前1%的学科太少

为什么我们要重视ESI呢？因为现在国家是按几个要素法综合考虑给学校分配绩效的，其中一个很重要的要素就是学校进入ESI前1%的学科数。

我们进入ESI全球前1%的学科最好的时候是2013年，达到7个。但是，我们学校有 3500 多名教师，拥有同样教师数量的学校最少有 10 个 ESI 前 1%的学科。比如，山东大学有 10 个、华中科技大学有 11 个。湖南大学只有 1200 多名教师，也有 6 个学科的 ESI 排名进入全球前 1%。湖南大学的物理、化学、数学等基础学科全进去了，而我们只有化学进了前 1%。

我们学校 7 个进入 ESI 排名全球前 1%的学科中，有 4 个是医学类。这几年医学板块特别是临床医学发展非常快，论文数量和引用数量都呈指数级增长。但我们的其他传统优势学科，比如材料、冶金等，增长就显得平缓和微弱，在 985 高校的排名也在下降。工程学科相对好一点，但其在 985 高校的相对位置也在下降。剩下的就是化学，化学学科为其他学科做了很多贡献，比如说农学。

ESI 不是评 1 年的，是评 10 年的，是根据 10 年间在相关高水平杂志上发表的论文和引用率决定的排位。尽管我们不必对 ESI 排名太在意，但还是要努力抓好这项工作。我们的研究生院做了一个很好的工作，对不同学科的论文应该在哪发表、往哪些杂志投、哪些杂志的影响力大一点、发展的趋势曲线是什么进行了分析，并形成文件后发到了各个学院。

我们现在有几个学科是很有希望进前 1%的，比如数学、计算机科学、分子生物与遗传学、社会科学。这 4 个学科只要我们稍微加把劲、推一推，都可能在比较短的时间内进去，我们努力争取在两三年内进入 ESI 全球前 1%的学科有 10 到 11 个。

（2）科研经费增长慢

近年来科研经费增长慢，主要是横向下降得太厉害。我们现在总是说横向科研的大形势不好，但最主要的原因还是我们自身没有高度重视，没有积极地走出去。学校 2013 年经费过 200 万元的教授一共 69 人，总经费占了全校的 40%，其中最多的近 3000 万元。这与老师经常到外面谈合作、积极联系和争取项目有很大关系。所以，我们一定要出去，要多跑跑、多汇报、多沟通。如果我们不出去、不努力争取，项目和经费就很难拿到。

（3）有影响的科研成果偏少

真正的大成果是需要长期积累的。比如材料学科，是我们学校最强的学科之一，但是材料的基础研究与国内外其他同行比好像缺了一点。我国第一颗原子弹爆炸、第一颗人造卫星上天、第一枚中远程导弹发射等重点工程，都采用了我们的科研成果。但是在材料的基础研究领域，是不是还缺少有大影响力的成果?

2. 科研体制改革的方法

（1）开发更大的成果

我们准备在几个方面瞄准一些大成果。

第一个是超高温材料。这些新材料，能够在较长的时间内耐受住几千度甚至更高的高温，为国家和平发展做出重要贡献。在中国，只有我们一家能做。

第二个是碳飞机刹车片。我们作为 C919 刹车系统的承包单位，为我们国家大飞机的制造做出了重大贡献。

第三个是航空发动机材料。我们国内做不出航空发动机，其关键是两个问题，一个是叶片，另一个是涡轮。这主要是材料不过关，我们希望在这方面有所突破。

第四个是高铁空气动力学。我们有世界上最好的高铁碰撞实验室，实验室可以在 0.5 秒内把高铁模型加速到 500 千米每小时。碰撞后取得各项数据，我们国家高铁建设的很多数据都是从这个实验室拿到的。全世界只有两个这样的实验室，一个在英国，另一个在我们这里，我们的是更先进的。

第五个是超大型高复杂零件的制造。我们研制的大直径铝合金大锻环，以及其他超大型铝铝合金、锂铝合金构件，使我国的大型制造技术得到了极大提升。

第六个是人工合成生命。这个目前主要应用在制药领域，这个学科方向估计再过 100 年也不会落后。

第七个是生殖与遗传，不仅在国内一流，在国际上也有较高的地位。

第八个是基因诊断与基因治疗。我们的湘雅也是可以出大成果的，比如器官移植和中子刀等。我们的人体多器官移植、植物人的康复、心脏移植、糖尿病的治疗等都拿得出手;我们的中子刀治疗癌症技术跟现在国外的技术不一样，国外发射的中子是热中子，我们是冷中子。热中子对人体有很大的杀伤力，不能直接用于人体，需要先经过大约 11 小时的冷却。我们直接用冷中子，治疗时间短、效果好。

（2）建立“大部制”

“大部制”就是要适应协同创新，它是一个虚实结合的、开放的组织，以项目为纽带，让大家整合资源，共同做一件事。如果我们在“大部制”纽带下能够把项目整合好，通过学校努力申报，就可能会争取到国家协同创新的项目。否则，我们想要申请到大项目是很困难的。

（3）以实事求是的精神促进学校的改革发展

这就需要我们做到这样几点。

第一，坚持真理是大学的一项重要原则。所谓真理，一是事实、客观存在，二是基于事实的规律。实事求是就是要坚持真理，就是要从客观存在中去研究和寻找规律。学校推进改革必须坚持实事求是，不是为改革而改革，而是要着眼学校的长远发展，按照高等教育的发展规律，努力探索一条中国式的高等教育发展道路。

第二，要进一步解放思想。认真梳理过去的体制机制、经验做法，继续坚持学校在研究生招生改革、导师认定、研究生培养、学位管理和学科建设中一些好的经验和做法，勇于改革阻碍发展的条条框框，打掉束缚和限制发展的“围墙”。

第三，要充分运用高校办学自主权。在严格执行党的路线方针政策的前提下，把教育部等上级部门的规定与学校实际情况结合起来，实事求是地设计和开展学校工作，促进学校又好又快地发展。

（4）准确把握学科建设的具体内涵

学科是在人才培养中系统的、不断发展的课程的总和，核心是为人才培养服务，“不断发展”的动力来源于科学研究。

第一，学科建设的核心要素是“人”，即作为培养主体的教师和培养对象的学生。学校制定教授上讲台、讲师不上讲台、持续提高职工收入等改革措施，就是要不断改善教师的教学科研环境、学生的培养环境，激发师生的活力。

第二，学科建设的最终检验根据是学校知名教授、学术成果的多少和学生培养质量的高低。一所处于国内前列的大学，其师资队伍中应有一二百个 30～40 岁的全国知名教授，二三十个 40～50 岁的全国一流教授。目前，学校各个领域在国家有发言权的人较少，拔尖人才后继乏人。要改善这一现状，关键在于进一步优化青年教师的成长环境。

第三，学科建设应坚持“二级学科打通，一级学科由学校共有”的理念，学科设置应以教授的研究方向为转移。要打破阻碍学科设置的各种限制条件和框框，充分激发师生的创造力。不要人为设置障碍，不要将教授的工作空间圈死，要建立学科设置和建设的良性机制。

（5）科学推进“创新驱动计划”

2014 年，学校投入 1000 万元用于支持 ESI 学科建设，取得了较好的效果。2015 年，学校再投入 5000 万元，重点支撑“创新驱动计划”，但是建设模式不再按照原有学科建设模式，不搞大拼盘、不买大设备，重点在于支持队伍建设、支持年轻教授快速成长。要把经费真正用到一线的优秀年轻科学家身上，要确保支持的项目思路清晰、结果可预期。这主要体现在以下几点。

第一，大力支持有学术潜力的年轻教师群体。学校实施创新驱动计划，就是支持研究方向明确、扎扎实实做学问、具有发展潜力的年轻教师。在国家资助有限的情况下，通过学校的推动和支持，让他们产出成果，成为领军人才。

第二，资助项目应有良好的研究基础和明确的研究方向。

第三，这些项目要能在国际前沿产出基础性理论成果，或能切合国家的重大需求，或能获得国家支持，为国家安全和社会经济发展服务。

第四，要有科学的制度保障。我们要保证年轻教师对创新驱动计划支持经费的自主支配权，充分利用国内外人才资源，最大限度地发挥创新驱动计划的作用和效益。

这些是我们学校想做的。研究生院和各学院要重新梳理和准备。如果没有合适的项目，就不支持；如果有更多合适的项目，也可以多支持几个。今后要每年申报和评审，且不限制申报数量和不搞大拼盘。

（6）抓好方向

每一个科研团队和每一个科研小组要注重抓好方向，注重与新的科学技术相结合。现在科技发展有三个新方向，我们怎么躲都躲不掉：一是移动互联网，二是大数据，三是新的计算模式。

我们要抓住科学发展的最前沿，与自己研究的领域有机结合起来，开拓新的研究方向，走在别人的前面，这就要求我们有敏锐的战略洞察力和观察力。

一个团队要想出好的成果，除了学术带头人把握思路和方向外，剩下的就是靠年轻人：年轻的副教授、年轻的博士后、年轻的博士。

科研工作是学校最重要的任务之一，教学重要、科研更重要。科研和教学是学校发展的两个轮子，没有好的科研就没有好的教学，学校一定尽全力支持大家把科研工作做好。

面对这些问题，我们应该怎么办呢？

第一，继续推进科研体制机制改革。科研体制机制改革的重点在于调动大家的积极性。

第二，学校增加了科研人员科技成果转化收入的分配比例。我们不鼓励大家从申请科研经费中发财，但是鼓励大家从科研成果转化中发财。

第三，改变用人机制。学校现在有个非事业编的政策，非事业编就是解决科研项目自主聘用人员问题的。当然，前提条件是要有科研经费。

（7）抓好“三个回归”

我有幸参加了 2016 年 5 月 30 日的全国科技创新大会，习近平总书记出席大会并发表重要讲话。我们要好好学习并认真领会总书记的重要讲话精神，这是为我们新时期的科学研究定下的重大战略方向和发展思路。我们今后的科研工作必须按照总书记指引的方向去开展、去落实。

总书记指出，科技革命深刻改变世界发展格局。这句话的含义就是历史的、社会的进步都是科技引发的。科技革命深刻改变了世界发展格局。

大学也是一样，如果没有拿得出来的科技成果，没有产生与众不同的、独一无二的、立得住脚的成果，总跟在别人后面跑，这所大学谈何一流？所以我们一定要深刻领会总书记这句话的含义。总书记说纵观世界历史，不创新不行，所以现在要创新。总书记提出要夯实基础，有全球视野，不能等待观望，要只争朝夕，挑战前沿，同时要强化战略导向，破解创新难题。总书记提出要把论文写在祖国的大地上。要加强科技管理和运行的新机制，要集中力量办大事，特别在最后提到要弘扬精神、培养队伍等。总书记的报告对我们科技工作是有非常重要的指导作用的。总书记也强调经费要为人的创造性活动来服务，要把目标导向与自由探索相结合。

在总书记重要讲话精神的指导下，如何搞好我们的科研工作？我们要抓好“三个回归”，即回归兴趣、回归学术和回归需求。也就是把学术导向、问题导向与个人的兴趣爱好紧密结合起来。

第一是论文的问题。我们写论文的目的，是为了提升水平或同行交流。但现在的考评机制，把论文的篇数、级别和影响因子看得过重，误导了一些年轻人和科学家。不在圈子里发表不了，不引用大牛的文章发表不了，不是热点问题发表不了。近些年，国内的论文数的确增加不少，但这些论文对推动高新产业的发展、对解决国内的实际问题又贡献了多少力量呢？

我校的论文数量在不断增加。我们进 ESI 前 1%的学科数从 4 个增加到 10 个。但是我们这么多的论文中，有几篇能够在历史上留下来、能够有像钻石一样闪闪发光的理论和成果呢？我并不是不重视论文，我只是要求大家不要唯论文而论文。那些凑数的论文，实际上是资源的浪费。所以，我们在发表论文的时候，要把质量放在第一位，要把追求学术卓越和解决中国的实际问题放在第一位。今后的评价机制特别是评职称，应把代表作与解决实际问题结合起来评价，不要只看篇数。

第二是收心的问题。老师们不要再在公司兼职和办企业。以前，我们办企业或兼职，对推动科技成果产业化起了积极的作用，但我们要高度认识其对科技事业带来的负面作用。我们几个主干学院的理论研究水平为什么总是上不去？与我们教师在成果转化上投入太多而在新成果研发上投入太少有无关系？办企业不是教授的长项，否则还要企业家干什么？今后的成果转化应该以知识产权转移为主。我们的教授要收心，要回归学术，要投身到学术活动中，这才是教授的本行。

第三是人才队伍建设的问题。我们可以放眼看一看，在国内自己的领域有权威、有地位的有几个？我讲的教师们要安心做学问，但是做学问不是不跟外边联系。学校要努力培养年轻人，年轻人也要努力走出去，要看看自己作为一个教授，跟你学科领域的同行、政府的管理部门、产业部门联系得多不多？如果我们都是坐在家里等，那如何把论文写在中国的大地上？我们的教授们，特别是年轻的教授们，我建议大家要抓住需求，回归学术。要在自己年轻力壮时，把自己的“武功”练成。

第四是科研环境的问题。科研环境有软环境和硬环境。硬环境主要是房子和设备。学校对科研用房实行了房改，所有的空房都在校园网上公开，有需要的都可以申请。设备也是一样，我们做了几轮的设备需求摸底，大型设备按需求顺序入库，学校购买了租给大家使用。小型设备，主要靠自己的科研经费购买。软环境问题较多，包括学科设置、学生分配、团队组建、劳务费发放、国际合作、国内合作、评价机制建立等。对于学科设置，我们已经放权了，二级学科自主设置、以人为主。学生配置则是以项目和任务为主。团队组建是以自由组合为主。劳务费的发放，学校制定了严格的科研经费管理办法。给学生的劳务费、非事业编人员的劳务费以及事业编人员的绩效都以学校的规定为准。最近，科技部、财政部、教育部会出台科研经费劳务费提成的相关办法，各个学校要按照部里的文件制定相应的办法。在新办法出来之前，按学校的老办法执行。财务要在国家和学校规定的前提下，简化程序，加强服务。至于国际国内合作，学校一向采取鼓励的政策，我们的出国学术交流是一直没有受影响的。对于学术评价，现在看论文的倾向还是比较严重的。但是，对于那些系统做得好的，对于那些教学确有特长的，我们也要给予正确的引导和评价。

第五是科研经费的问题。学校每年拿出近 2 亿元投入科研。同时我们还在外面争取了不少科研经费。与全国其他院校比，虽然我们的经费不多，但与省属高校比，我们的经费算多的。科研方面，我认为最重要的是投入思想。如果你不在研究的事上花心思，有经费也没用。我们的心要收回来，心不收回来是做不成事的。真正的基础研究的大成果，有几个是用经费堆出来的？相对论的提出花了多少钱？当然，做实验、做工程是要花钱的。但我们不要总想着怎么争取经费，总去讲短期效应，这能干出什么事来？科研需要你踏踏实实坐下来、认认真真做研究。

（8）做好五个“进一步”

第一是要进一步凝练方向。

我们要把视野放长远一点，要看到学科在今后 10 年、20 年或者更远时间里的发展趋势，再结合我们自己的基础条件和优势，思考在哪些方面能够做出有影响的成果来。

在学科重大发展方向凝练方面，各个学院要认真负起责任，特别是各学院的教授委员会，应广泛听取意见、集思广益。学校成立了“双一流”建设办公室，办公室的职责首先是协助各学科凝练重大项目，要把自己的优势与国家、地方的需求紧密结合；其次，协助引进和支持推进这些项目的人才；还有就是学科评估、重大仪器设备平台的建设等。

第二是要进一步抓好基础研究。

在基础研究方面，我们要人尽其才。任何时候人都是最重要的。我们每年分配了不少的经费支持青年人的基础研究，并且给予大家充分的实践和选题的自由。大家要珍惜机会，利用移动互联网带来的时间可以碎片化、空间可以无距离化、信息可以瞬时化等新特点，大开脑洞，插上想象的翅膀，把兴趣和能量好好发挥出来。

第三是要进一步用好设备平台。

在提供仪器设备平台方面，目前学校的仪器设备中 40 万元以上的有 330 多台，按照每台设备每年使用 800 小时的标准，我们达标的不到 50%，因为有 189 台设备每年使用不到 800 小时。800 小时是什么概念呢？按 10 个月算，每台设备每个月使用 80 小时。如果说 1 天使用 8 小时，每个月只用了 10 天。学校现在仪器设备购买论证有一个前提，就是这 189 台设备哪一个学院没达标，哪一个学院就暂缓使用学校的经费再买 40 万元以上的设备。因为买了不用，浪费国家资产，还需要人维护。如果科研需要，完全可以去租，或自己设计制造。大型设备一定要共享。要买那些公共的、使用率高的设备，使用率不高的设备通过租的方式解决。

第四是要进一步用好人才。

科研的所有要素中人是最重要的。没有人，什么也干不成！我们必须大力培养人、引进人、使用人和爱护人。引进人才要以刚毕业的博士生为主，要找那些科研素质好、有思想的年轻人。这样的人其实不少，关键在于如何去发现。

引进人才要注意三点：一是对学科发展有用；二是要找到双方都感觉好的人；三是学校会给适当的支持，但不能要得太多。再有，我们要大量引进博士后。我们还要适当加大一线人才的招聘比例。

第五是要进一步建设好软环境。

我们要多分出经费用于学校的科学研究。另外，我们还要进一步抓紧制定和完善相关规则，包括项目的评审规则和职称的评审规则等。要公开、公正、公平和透明，要给能干事的人以机会，让大家顺心顺气。

因此，我们要收心，回归学术、回归兴趣、回归需求。在收心和回归的前提下，通过项目抓好队伍，落实好人才引进工作，把队伍建设做好，卧薪尝胆干几年，我们是能干得更好的！要知道，如果科学研究这个驱动轮不转起来或转动太慢，就不要谈学校的发展。

管理体制与机制改革

——在全校中层干部及校内改革动员大会上的讲话（2012 年 7 月 15 日）

在管理体制与机制改革上下放办学自主权，我们要把一系列的权力从原来以学校为主下放到以二级学院为主。学校今后的总体管理思路是：学校以制定政策为主，二级学院以执行政策为主。这里要强调两个问题，第一是学校将要下放哪些权力？第二是二级学院应该怎样用好这些权力？

1. 学校下放哪些权力

学校下放哪些权力？这里归纳了 4 个方面。

（1）用人权

用人权以前全部在学校，现在用人权要基本上下放给学院。那么学院有哪些用人权呢？

① 非事业编制的用人权

学校的人事分为事业编制与非事业编制两类。非事业编制人员的聘用、辞退和管理，按照谁使用、谁负责的原则，学院可以根据需要和经费情况，按照《劳动合同法》的规定，自主雇用和管理非事业编制人员。谁用人谁负责，既可以是合同制，也可以是长期制。非事业编制人员也都是我们的职工，可以在职务与职称晋升等方面和事业编制人员享受同等待遇。

② 事业编制的用人权

每个学院都有事业编制的教师员工，这就涉及定编问题。这个编制怎么定？学校将主要依据教学工作量和科研工作量来定，以教学工作量为主。学院的教学工作量大、学生多，事业编制肯定就要多些。学院的教学工作量小、学生少或者没有学生，那事业编制就会相对少或没有。

至于学校的科研编制，一是总数有限，二是优先考虑那些专门的研究机构，例如国家重点实验室和研究所等。学院的科研工作，主要由教学编制的教师、青年教师还有硕士生、博士生完成。学院事业编制的制定，一方面要继承原有的基础，另一方面要考虑今后的发展需要。对于事业编制人数的多少，人事处和学院要认真商议和讨论，并不是越多越好。学校给学院的奖金津贴是根据工作总量来定的，事业编制人数多，大家的奖金和津贴就少了；反之，可能又会出现活没人干、忙不过来的现象。

学院在给定的事业编制范围内，有权力决定聘用事业编制的教师。事业编制的教师也可以是合同制和长期制。事业编制人员的医保和养老由学校按照国家人事部的有关政策执行。

③ 教授、副教授职称的评审权，以及教授的晋级权

学校对教授、副教授的职称晋升，不再设太多的限制条件，如英语和计算机能力等今后都将逐步取消。但要设一个必要条件，就是副教授晋升教授，或教授由 4 级升 3 级、3 级升 2 级时，要看他是否达到了规定的本科教学工作量。其他的条件都应该由学院根据学院和学科的特点自主设置。这些条件，我们可以要求论文，也可以不要求论文，要考核申请人的水平和能力，考虑社会和校同行的公认度。切不可唯论文的篇数决定申请人的水平与能力，要根据不同学科来全面评价。比如说，我们不能用论文篇数去考核艺术学院的老师，他们是以作品为主的。他们是歌唱家、舞蹈家、画家、作曲家等，让他们写论文是写不出来的，他们只要有好的作品就行。我们也不要以论文的篇数来决定临床大夫的职称晋升。

关于英语，理工科要求外语是对的，但文科的有些学科就没必要过度要求外语。例如搞历史和中国文学的，我认为外语水平就没必要作为他们评教授的必要条件。

学校在职称评审上一定要实事求是，坚决改革！我们要把职称评给那些有水平和能力、能解决实际问题的专家及业务精湛的人。学校将把晋升指标下放到学院，学院再以同行评审和投票的方式，把公认的有能力的人选出来。当然，有些学科，论文还是要占非常大的比重。而另一些学科，可能就不一样了，例如临床就不一定要求有论文。我们要综合、全面地考核科研教学，这个考核权不再由学校掌握，而是要下放到学院去。

④ 对员工的管理和考核

岗位的设定、工作量的安排和年终考核，这些也都要下放到学院，不再由学校去做具体的评价和考核工作。学校只对学院下达总的工作任务和进行整体评价，并对学院进行整体考核。

（2）财权

① 津贴和奖金分配的权力下放

原来个人的津贴发放是每个月先由学校发 60%，剩余的 40%年底再结算。今后，这个政策将改变。首先是学校考核学院的整体业绩，并根据教学、科研完成情况把全年的津贴和奖金发给学院；然后，学院将根据个人的教学科研任务完成情况，决定下一年的津贴和奖金，学院将以 12 个月平均的方式按月发放。学校不再采用年底再结 40%的方式，这样做有两个好处：一是有利于学院根据实际情况进行调整，利于调动我们教师的积极性；二是个人可以少纳点税，如果到年底一次性发 40%的津贴，纳税额就会多。现在平均分到 12 个月，由学院根据业绩考评的情况来发，考评的是今年的业绩，分摊在次年每个月的津贴里，这个可以少纳点税。学校对学院的津贴和奖金的计算，将按照学院的教学工作量、科研业绩以及从事教学和科研的队伍实情来确定。如果学院的教授和副教授同时从事教学和科研工作，且教学和科研都完成得不错的话，学校将对学院进行奖励；如果学院的教授或副教授只从事科研而不从事教学工作的话，学校则要对学院进行处罚，减少其津贴和奖金。同样，如果学院的教授和副教授只从事教学而不从事科研工作，也要减少学院整体的津贴和奖金。简单来说，学校鼓励教授和副教授们把教学和科研这两副担子一起挑起来，科教结合。

② 培训等收入的分配调整

各学院还有一些培训工作，例如工程硕士、法律硕士等的培训。学校在培训等项目的收入上也要进行改革，鼓励学院用这个收入再发展。也就是说，如果学院用培训等项目的收入来盖楼或者购置必要的仪器设备，学校就会一分钱不收，全部给学院用于自己发展。但是如果培训收入用于发奖金或者发津贴，学校就要收取相应的费用。

③ 科研经费与招生指标挂钩

现在很多人不愿意让科研经费进学校。针对这一问题，我们有两个办法：

一是研究生、特别是博士生招生指标和进校科研经费挂钩。校财上没有科研经费或科研经费少的导师将得不到招生指标；另一个办法就是对横向经费进校多的给予奖励。学校到年底将根据情况返还一部分横向经费到学院，以鼓励横向经费进学校。

④ 成果转化奖励

学校鼓励成果和专利转化。学校校务会讨论通过了学校科研成果和专利转化收益的分配办法，我们将把收益的50%奖给成果发明人。

（3）研究生的招生权和导师的资格认证权

研究生的招生权，我们正逐步将其过渡到以面试为主或以导师面试为主上来。研究生考试的笔试还是有必要的，但是笔试只作为录取成绩的一部分，面试成绩占的权重会比较大。导师的意见在面试成绩中的权重也比较大，这样有利于导师录取那些科研能力比较强、创新精神比较强的学生。但是我们也反对导师不按规矩出牌，在面试时给学生打高分、最后又不录取，这是不可取的。

> 我们曾有导师在面试时给1个学生打了排第1位的高分，但最后录取了第2名，最后这个第1名的学生到学校告状。这样就不好了。导师这样做可能是想让学校多给自己1个招生指标，但造成的后果很严重。对这样的导师，我们要暂停他的招生权，不能鼓励这种做法。

什么人可以当导师？除了思想作风正派之外，还要“四有”，即有经费、有项目、有博士学位（不包括已经是博导的教师）和有学术地位。这“四有”如果达到了学校规定的条件，教授、副教授、讲师或助教都可以当导师。

（4）二级学科的自主设置权

原来，二级学科博士点的设置是要经过严格地反复论证并向国家有关部门申报的，现在这个设置权我们也下放给了二级学院。学校只做备案或者是学位认定，对于二级学科，学院可以根据国家社会经济与学科发展需要，以教授为中心进行设置。即使那些没有一级学科的学院，也可以设置相关的二级学科博士点。其条件主要是要有知名教授、有科研课题、有科研经费以及有培养条件。各有关学院要抓住机遇，大力发展二级学科的博士点，这可以使导师比较方便地提出新的研究发展方向。

总的来说，学校下放权力，我们重点可以归纳为四个方面：人、钱、研究生、学科设置。

2. 二级学院怎样用好这些权力

用好权力是一个大事，是关系到我们这次改革能否成功的最关键因素。权力集中在学校的时候，我们有的时候找机关、找领导不方便，认为学校行政化、官僚化。现在，权力下放后，如果学院没有建立相应的权力使用和约束机制，可能会造成谁有权就把资源往谁的口袋里装这样的问题，这可能比学校管理时更加糟糕。这样的改革肯定就是失败的。所以，我们一定要建立权力下放后的使用和约束机制。

虽然现在有些人建议学校不要把太多的权力下放到二级学院，他们认为权力下放到二级学院后可能会更糟糕，因为缺少相应的使用和约束机制，但总的来说，大家认为我们的书记、院长还有党政班子还是可以信赖的，是想把学院和学校办好的。有了这个基础，我们再把机制定好，那么权力下放后就一定能更好地为大家服务。所以，怎么样用好这个权力的关键在于建立使用和约束机制。

使用和约束机制的关键是什么？是广大教师员工的积极参与。他们既是改革的推动者，也是改革的受益者。只有他们积极参与了，改革才能成功。

（1）全员参与，民主治校

人权、财权，特别是奖金和津贴的分配权下放到二级学院，会极大程度影响教师员工的收入，因为奖金和津贴是教师员工收入中的一大块。这一块实际上比国家给的工资要高得多，而且逐年在增长。所以，如果这一块分配不好，教师员工会有意见，大家的工作积极性也会受影响。因此，关于奖金和津贴的分配一定要全员参与，要让大家都清楚分配规则。

大家怎么参与？我认为有两条很重要：第一条是制定分配政策时要广泛听取大家的意见，第二条是执行过程要公开、透明。在涉及群众利益的问题上，我们要花些时间让教师员工都清楚问题是如何解决的。绝对公平是没有的，但是按事先制定的规则执行、对事不对人，大家的意见就会少一些。

> 例如，2012 年研究生招生的改革做得非常好，但也有一些小问题。在研究生招生改革工作中，事先对规则进行了说明，这一做法非常好。但同时，由于招生的时间性限制，给学院宣传贯彻的时间短了一些，当时有些导师在外出差，或者不知道规则的改变、或者赶不回来参加面试。有的学院招生面试就给了半天时间，导师赶不回来，就没有办法录取学生。最后把矛盾推到了学校，这些事虽然不大，但给改革带来了一些问题。如果多给一两天的时间，可能会减少很多矛盾。

（2）教授治学，减少行政化

高校行政化问题一直是个老大难问题。怎样解决？还得靠教授治校和教授治学来解决。但教授治校和教授治学不能在学校层面上实现，因为学校的学科门类太多、专业差异太大，不同学科和专业的教授们在一起很难解决问题，往往会议而不决。但这些问题在学院和学科层面上进行解决就相对容易了。

在学院层面上决定资源分配和学术方向等时，教授们都是“小”同行，对讨论的问题比较了解，相对而言容易达成一致意见。因此，学院在决定人事、学术、资源分配等事情时，不能只靠院务会或者党政联席会来，而是要先通过相应的教授委员会讨论，例如人事委员会、分配委员会、学术委员会、职称评定委员会等，有了相应的意见后再做决定。当然，教授们的意见也不一定完全对，他们可能是站在自己的立场上考虑问题的。但是没有关系，这就是民主、这就是规则。

为了防止教授委员会的委员们小集团化或权力私用，我们的教授委员会要经常换届。比如，1 个教授委员会的成员只能干 1 年或 2 年，从而保证院里的每个教授都有机会成为委员会的成员并参与决策。这样的好处有两点：第一是委员们在制定规则时会有所忌讳，因为你这届如果太过严苛，当你下一届不当委员时，别的委员可能也会严审你，这是一个很好的制约。第二就是新任委员在开头的几年不大可能犯大错误。人犯错误有个心理特点，就是刚开始都不敢犯大错，等干长了、熟练了以后，犯大错误的可能性就大了。所以，委员们不要干太长时间，大家要不断轮换、轮流坐庄。

（3）分清不同点，注意特色

我们还要注意和把握学院与学院之间、学科与学科之间在执行策略上的不同。

针对我校的医科、理科、工科、文科、艺术学科等不能用同一把尺子去衡量、去要求。例如，外语对于理科、工科、医科等都是非常重要的，但对于大部分文科就不一定那么重要。论文也是一样，有的学科论文很重要，有的学科就不需要写论文，例如搞艺术的，你让他写论文，他就是写不出来，但他们有作品，像油画、歌剧、舞蹈、民歌等。不仅我们学校搞艺术的教授们写不出来，其他艺术院校的教授们也写不出来。艺术学科写得出论文的是那些搞艺术评论和艺术研究的，而且他们写的论文跟其他学科的风格也不一样。评价艺术家是靠他们的作品，他们和我们理工科不一样，我们不能用同一把尺子量不同的人群。

在医学上，对从事临床的大夫和从事基础研究的科研人员的评价也不应该一样。我们不要让临床医生白天看病，晚上还要去做与临床无关的基础研究，去写一些只有自己和编辑看、还会毁掉许多树木的论文。

我们这次要改革职称评审中的不合理规定，但是这在学校层面做有难度。所以，我们把这些评价的标准和规则放到学院和学科的层面上来制定。学校在职称评审方面，只要求教授、副教授上讲台和参加 1 项国家项目，其他要求完全由学院根据自己学科需要和学院发展需要来制定。即使是参加国家项目这一要求，也可以根据学科实际情况适当放宽和调整。各学院一定要结合自己的实际情况，充分利用这次机会制定好职称评审标准，调动教师们的积极性。

（4）不锱铢必较，要顾全大局

因为各个学院的情况不太一样，所以在改革过程中，难免会出现各种各样的问题，特别是学院之间的不平衡问题，如博士生指标的问题、房子的问题、课时的问题、科研任务的问题、津贴和奖金数量的问题等。我们可能会认为有的学院多了、有的学院少了，那个学院占了便宜、这个学院吃了亏。大家要顾全大局，不要在小问题上锱铢必较，要有胸怀。特别是有问题了要通过正常渠道解决，不要搞小动作，更不要不负责任地乱讲乱说。

学校会多考虑大家的实情，不厚此薄彼。大家也要多理解学校，学院之间不要去攀比。特别是学院领导，要帮助学校一起做好改革的宣传与解释工作，和学校一起推动改革。因为改革的目的是要让学校发展得更好。

（5）多交流，多沟通

改革，在实践过程中肯定会遇到这样、那样的问题，有不完善的地方。所以我们在执行的过程中一旦发现有不完善、不合适、不好的地方，要尽早提出来，大家一起研究解决。我们要在执行过程中不断修改和完善，以使改革文件更好一些。我们不能因为文件的不完善就终止改革，这是发展所不容许的！有句话叫做“宁要不完善的改革，也不要不发展的等待”。让我们一起为中国高等教育的伟大改革事业而努力奋斗！

妥善处理改革中的十大关系

——在中南大学三届四次教代会、工代会上的讲话（2014 年 2 月 28 日）

改革的重点是要解决两个问题，一是我们面临的问题，二是我们怎么处理这些问题。我先讲两件小事。

第一件事，腾讯最近有 1 个很小的科技产品，叫微信红包。它在 2 天时间里连接了 2 亿张银行卡。而这 2 亿张银行卡，如果没有互联网的支撑，1 个公司要花 30 年时间才能连上。在桌面的互联网时代，阿里巴巴的支付宝把 2 亿张银行卡连到一起也花了 8 年时间。而移动互联网，用手机只花了 2 天的时间就办到了。

第二件事，我们现在有什么不好的信息，如果说是在互联网出来之前，只要处理得当，大家都不会知道。有了互联网之后，基本上保不了密，但是还可控，因为互联网上的信息还可以删掉。但有了移动互联网，每个人都拿个手机，微信、微博一发，可以在 1～2 秒内将信息传遍全世界，任何人都控制不住。大家不能做坏事，不能随意做事。

所以，我说改革要以制度文化建设为重点，要讲规则、讲程序。

1. 我们面临的问题

我们面临的问题不少。主要反映在：

（1）办事不讲规则和程序，随意性大

我们敢为人先的创新精神有好的一面，但也有不好的一面。不好主要体现在办事不讲规则、不讲程序，随意性很大。学校里现在官司有很多，而这些官司是怎么来的呢？90%是我们以前的和现任的有些领导不讲程序和规则造成的。

比如，我们学校的某处级领导不是法定代表人，但又在经济活动中给别人当保证人。有些人想干什么干什么，干完后不报告，学校不知道，最后就形成了官司。再比如，国际交流处几年前成立了一个小公司，搞人才派遣。最后赚没赚到钱不知道，官司打了很多年了，到现在还在打，对方要求学校赔钱。

这种不讲规则、不讲程序、随心所欲去办事的现象，无论是在机关还是在各个学院都存在。在当前社会，移动互联网手机用户已有 8 个多亿人，出事后应对起来有很大的难度。

民主社会讲来讲去也是一个契约型社会。市场经济最重要的三个支柱：第一是诚信、第二是法治、第三是公平竞争。大学教师还没有真正面临市场经济的竞争，很多思维还停留在计划经济阶段。万一走的不好、落后了，可能因为小的事件给大家的声誉带来很大的冲击。这就是所谓的蝴蝶效应。我们以前可能认为出点事没关系，在校内解决就可以了，但现在不是，一旦扩展开来就极易失去控制。

所以，我把不讲规则、不讲程序、随意性大列为学校的第一个问题。我们要建设高水平大学也好、研究型大学也罢，建设国内一流也好、世界一流也罢，一定要解决不讲规则、不讲程序的问题。国际上的一流大学，没有一个是不讲规则、不讲程序的。

（2）师德建设有待加强

做教师要有师德，我们现在做教师的，绝大多数是好的，但是也有一部分不太好。不少学院的研究生来信反映，有些老师一直让他们干活，但既不准他们毕业，也不给生活费。

当然，这些学生反映的情况不一定全部准确，但是那也反映了一个问题，就是有些老师没有把育人放在第一位。这样研究生干起活来就不舒坦，生活都没有保障，还怎么去做科技创新的主力军？显然是做不好的。但是，我们的研究生的的确确在科研上做了很多工作，2013 年大概有超过 1 万篇文章是研究生写的。

我们要善待同学、善待我们的研究生。

（3）大师和大师的苗子不够

前面讲过，我们学校的杰青获得者、长江学者等指标在“985 工程”高校中排在比较靠后的位置。我们的院士数量还可以，但是我们不能每年都拿院士说话，而且现在很多学校都在不断地赶超我们，因为他们新评的院士更多。我们新评院士很不容易，但是很多规模比我们小的学校，评得院士数量要比我们多。作为一所重点大学，我们却长期在几个主要领域没有领军型人才，在全国相关学科里排前面的人也很少，这种情况必须改善。

（4）国际化水平整体较低

我们在高校国际化排行榜上也是处在非常靠后的位置。国际化不一定要派多少人出去，它体现在每一个学术活动的点滴中。

> 在一次青年教师座谈中，这些青年人就提出 1 个很好的问题。我们发 E-mail 出去从来没有一个规范的格式，而我们收到国外哪一个名牌大学的 E-mail，什么系、什么机构及电话都清楚明白。还有，我们的教授们不完善网站信息，这样的话别人在网上就看不到你的准确信息。稍微国际化点的学校，教授发表 1 篇新文章，只要不是保密的，就应该挂在网上，然后你的网页应该随时更新，让全世界的人检索到，这样人家才会知道你。你自己都不宣传自己，谁还宣传你？要把你的成果宣传出去，为人类做贡献，也让公众知道你。

所以，国际化并不是说学校要花费多少钱，派多少留学生？最重要的是国际化理念。大家不要一提国际化就说学校没给钱。

除了上面这些问题，还有我们进入 ESI 排名全球前 1%的学科偏少、人文社科的整体实力偏弱、重大的原创性成果偏少、内部管理体制不完善等问题，这些问题我们在前面都已经介绍过了。

这些问题我们都能感觉得到，但重点是这些问题我们要想办法逐步解决。

（5）地处中部，出去交流较少

我们本来就不比别人强到哪儿去，再加上我们不出去交流、不出去争取，就更申请不到项目了。

2. 处理好改革中的十大关系

要解决这些问题，我们必须以制度文化建设为重点，进一步解放思想，进一步深化改革。具体怎么做呢？我认为要处理好以下十大关系。

（1）学校与学院的关系

学校是学院汇集起来的一个整体，但学院本身就是一个综合体，教授和学生等主要力量都是在学院里。像英美的学院，本科叫 college，有比较大的权力。我们现在也逐步把学校的权力下放到学院，学院集中了学校在这个学科发展的主要力量。

一个学院建设的好坏实际上代表着学校建设的好坏，它代表着学校的水平，所以我们一定要把学院的工作做好。学院的院长、书记有的时候以为学校对学院不好，其实我们对学院非常好，我们恨不得把所有的权力都给学院。但为了让学院用好权力，我们采取民主制约，也就是教授治院的方式，这是为了让大家按规矩、按程序办事。学术的民主和自由，没有规则是不行的。国家的任何大学一旦失去规则，只讲自由，必乱不可，无法收拾。

（2）科研和教学的关系

科研和教学都是学术活动，是两个非常重要的轮子，哪一个都不能少。特别是我们这样的大学，一定要让科研走在前列。一个没有科研的老师不是好老师，一个没有强的科研能力的老师也不是好老师；同时，一个有很强科研能力的老师但不去做教学也是不行的。因此，既要把科研做好，同时也要把科研优势转化到教学当中去。教学是基础，是为学生服务的，所以我们必须要重视教学。重视教学，不能停留在口头上，要落实在绩效上。

> 以清华大学为例，清华大学制定了 1 个优势转化战略，就是把科研强的优势转化到人才培养上。清华大学开 1 个教学讨论会，光起题目就开了 12 次全校性研讨会。他们教学工作研讨会是花五个月时间，不断地开，即便这样做，我个人感觉清华的教学工作还有许多应该改进的地方。到我们中南大学工作后，有时我还会去讲，教学方面也会有直接的体会。

这说明一个什么问题？这说明，即使学校花再大的力气抓教学，大家在教学的问题上还是有所保留的。清华下那么大的力气抓教学，在一线的感觉还不明显，想想如果不大力抓，效果会是什么样?

教学和科研只要放松一个，大局的发展就会有问题。学校为什么把教学的绩效提高，就是要让大家重视教学。有人说现在把教学的分配提高了，原来科研拿得多教学拿得少，现在倒过来了。还有，原来教学课多的现在课少了。我说，这正好要求大家做课程结构体系的改革和课程内容的改革。

比如说，某个老师老讲一些陈旧课程，课时又多。教授委员会就应该研究调整这门课程，也可以调整整个专业的课程体系。让那些不重要的课、一天到晚背书的课少一点，不要讲那么多学时。然后多安排新课，给那些一线科研能力很强的老师设置新的课程，让他去讲 30 个或 40 个学时，这样他的薪酬不就提上来了吗?

教学是大学的公共事务，教学经费来自国家教育经费。科研则不是这样，科研经费由科研委托方支出。在科研方面，我们把绩效的提成改了，国家也在改，就是对科研经费的人工费不封顶。2014 年国家已经把自然科学基金改了，你可以从科研经费里面支付你的人工经费，这是美国式的做法。美国的科研费不仅支付科研人员的人工报酬，同时它还给学校 50%到 60%的管理费。也就是说，美国大学老师的科研工作，学校不仅不付出，还会收一笔费用。我们不是这种模式，比如现在国家搞协同创新，争取项目的时候学校全力支持，拿到的经费都归到项目负责人。

学校的科研不是某个人的，是大家的。我们对公共事务的支出不投钱，却对个别的事项投钱，那是不公平的。但是大家又会说，没有这些东西，学校的学术地位会下降。所以，我们要从政策的制定上调整，用你拿的科研经费把你的绩效和工资涨上去，这样使你的科研有个好的环境。同时，我们会在青年教师的培养上下大功夫，使他们有一个好的发展环境。我们还准备加强对科研成果的奖励。这是教学和科研的关系。

教学工作方面，我们的学院要抓紧改变课程体系、抓紧改革教学内容，这是教学中两大亟须解决的问题。我们在 2013 年做了 20 门主动式、交互式的课程改革，就是教师只讲三分之一的时间，三分之二的时间留给学生讲。要给学生分组、出题目，要把学生讲的章节分下去，而三分之一的教师讲授时间主要是去引导学生。2014 年我们做到 40 门，2015 年争取到 200 门，每门课给 20 万元。然后推进小班教学，有人说要强制，我说不用强制，我们可以搞裸课时。有人说上大课吃亏了，那我们可以上小班，小班讲 1 个小时也给这么多钱，大班也给这么多钱。什么课可以讲大班？就是公共原理性、普遍性的知识课，比如说军事理论课。当然这类课也需要讨论，但不用分小班搞那么细。专业性的、需要深入探讨的，就搞小班教学，用讨论的方式来讲课，调动学生的积极性。比如，冶金学院 1 个老师开了 1 门交互式、讨论式的小班课，以前从来不上课的学生现在全来了，而且都抢着要发言。这样的做法就非常好。

（3）学科与科研及教学的关系

很多人都把学科当研究生院的事情，其实不是。学科是什么？学科实际上是一个完整的、不断发展的课程体系的总和。为什么要加“不断发展”4 个字呢？加上“不断发展”，就是把科研放进去了。

学科是一个课程体系，但要反映最新的科研进展。所以新的科研成果，一定要转化到人才培养中去。你说科学院有没有学科？在我看来，如果没有学生，就没有。为什么没有？因为他不搞人才培养。我们要搞人才培养，所以我们要学科。学科不是死的，是不断发展的。发展在哪？就在最新的研究成果里。搞科研的教授要把新成果、新思考反映到课程体系中去。

所以，课程体系应该要不断修正。这个任务在学院、不在学校。学院一定要把最新的科学研究成果转化到人才培养中，这就是学科的建设和发展。

（4）精益求精与创新的关系

我们总是提创新，但一个国家全都创新是不合适的。中国需要创新，但目前更需要的可能是精益求精。

有这样一个笑话，伊拉克进口的导弹，本来是想打几百公里，结果才飞了几百米就“啪”的一声把自己炸了。这虽然是个笑话，但却反映了不认真、不精益求精的严重后果。

鲁迅先生说过，中国人最大的毛病是马虎。

我们坐日本的汽车、德国的汽车、美国的汽车，感受是不一样的。我们进口德国的汽车，逐步要求零部件国产化。零部件国产化到5%的时候做得还可以，做到15%或更多的时候，汽车的质量就不一样了。现在的桑塔纳、帕萨特，包括奥迪车，可能大家都有感受。我们吃的药，同一个品牌的进口药和国产药，药效差别不少。为什么？是不是因为我们没有做到精益求精？

（5）基础研究与国家重大需求的关系

我们现在总讲国家重大需求，但是，即便国家有重大需求，如果不给我们来做，我们有什么办法？现在也有人讲大学不给国家重大需求做贡献，事实上不是这样的，我们想给国家做贡献、想做重大需求项目，可有关部门不给我们做，我们也没办法。所以，大学要抓国家重大需求，更要抓基础研究。

基础研究成果，不是靠组织出来的，而是靠平时多思考、多投入。投入的不是经费而是时间和精力，这样你才能写出好文章。你没有好文章，没有好的科研成果做铺垫，去抓国家重大需求是比较难的。只有当你有了科研成果之后，国家重大需求才能找你。

所以，尽管我们要与国家重大需求相结合，但我们还是要静下心来，首先把自己的基础研究做好。

（6）成果转化与产业的关系

现在很多老师在外面办了公司，学校想收回来很难。这里我要给大家一个提醒，现在政策在转变，如果我们还是用学校的资产去办个人的公司，或者是大学教授以公司的名义申请科研经费，说不定哪天国家就会找我们。类似的案例已经有很多了。

以前的政策和现在的政策不一样，今后国家的政策越来越完善。在这个过程中，希望我们尽早地转变观念，不要自己去搞产业或者产业化，而应该让自己的科研成果通过专利来转化。就是把专利给企业，企业给我们专利费。学校要制定好政策，原来专利转让费是“五五开”，大家嫌少，最近学校制定的新政策为“七三开”。

因此，我们不要自己去搞产业，一是费劲，二是费力，三是违规。通过成果转化的方式，大家完全可以在有了知识产权和成果之后发财致富。

再说，发财对教授来讲不是主要目的。现在收入增加以后，待遇也是可以的，大家的生活也都不错。增加收入之后，最大的目标应该是去实现人生价值。

（7）行政管理与去行政化的关系

以往我们总是批评大学行政化。其实，任何地方任何组织都需要行政管理。大学的去行政化，实际上是一个机关怎样改进行政管理、更好地为教学科研一线的师生服务的问题，是一个去官僚化、去教条化和去功利化的问题。

我们前面讲过，我们现在对机关管理人员进行绩效考核，实行“334”的办法，即总分 100 分，上级领导打 30 分，同级同僚打 30 分，服务对象打 40 分。服务对象认为不好可以投诉，投诉多少扣多少。到年终总结的时候，甚至都不用互相评，看 1 年下来投诉有多少、服务对象评价好不好，就能确定一个人的优良中差。

（8）讲规则与讲情义的关系

我们前面提过，要进行“四讲”，即讲规则、讲程序、讲道理、讲情义。《论语》有云：“不学礼，无以立”。中国传统的核心价值观几千年来一直是“仁义礼智信”，现在党的十八大报告将其概括成 24 个字：“富强、民主、文明、和谐，自由、平等、公正、法治，爱国、敬业、诚信、友善”。这实际上也是一脉传承的。所谓“礼”，就是规则。

我们在讲规则和讲情义之间，切不可把讲情义放在讲规则之前，这叫底线。没有规则的情义是江湖义气，是要犯错的。所以首先要讲规则，在规则许可的范围内，才能最大限度地帮助别人。

（9）事业编与非事业编的关系

这个问题我们前面也提过，有的人可能还不理解。其实很简单，就是如果你自己或单位有经费，想雇人，把五险一金交了之后，你愿意雇 100 个就雇 100 个、愿意雇 1000 个就雇 1000 个，学校财政不出钱。如果像学校计财处等单位缺人了，要雇非事业编人员，就得经校务会讨论，因为是大家的钱，校务会认为确实合适，就给他发钱，但是并不给编制。

聘用非事业编人员的权力全部掌握在学院，甚至可以掌握在课题组。你有经费你就聘，当然你要交五险一金，然后出多少钱自己去协商，因为科研经费很大程度上就是解决这个问题的。

（10）人和设备的关系

学校的建设是要以人为本、以人为主的，人是第一位的，设备是第二位的。

遗憾的是，有些设备买来后一直没有人用。这是巨大的浪费。大家觉得好像钱都是别人的，其实钱都是你们的，不是我们学校某个领导的。

今后除非特别大的、非用不可的公共设备由学校出钱来买，其他都由课题组自己买。校财的主要投向是人，首要是涨绩效。青年教师和科研断档的教师，也要有一笔经费来支持，人才引进也要花钱。此外，教学、后勤也是要保障的。比如，学生宿舍的空调安装及线路改造等就花了 1 亿元，这是实打实的钱，该做的事我们必须要做。

综合改革取得的巨大成果

——在中南大学三届二次教代会、工代会上的工作报告（2012 年 2 月 27 日）+在中南大学三届三次教代会、工代会上的工作报告（2013 年 2 月 26 日）+在 2013 年下学期中层干部大会上的讲话（2013 年 9 月 5 日）+在离退休干部党校“老骥伏枥”大讲堂的报告（2014 年 4 月 2 日）+在中南大学四届一次教代会、工代会上的工作报告（2015 年 3 月 20 日）+在全校科级干部培训会议上的讲话（2015 年 12 月 4 日）+在中南大学四届二次教代会工代会上的讲话（2016 年 2 月 27 日）

“十二五”期间，我们始终坚持以改革增效益、促发展。2012 年初，我们率先启动了综合改革，在广泛深入调研、全面凝聚共识的基础上，进一步明确了建设世界知名的有特色高水平研究型大学的目标定位，坚定了服务国家和地方重大需求、以教授为中心、以学生为根本、以提高质量为核心的内涵式发展道路，构建起了以改革人事制度、本科教学、学位与研究生教育、科研管理、医学教育、管理服务等为引擎的可持续发展动力体系。经过几年的艰苦努力，学校的内部治理结构已被系统优化，各项事业呈现出了快速发展的良好势头。

这几年来我们进行了综合改革，而综合改革主要是建章立制，按制度办事。通过改革，我们要树立“四个意识”，即政治意识、大局意识、核心意识、看齐意识，还要建立制度文化。改革的目的是为建一所好的大学打基础。这个基础不是今天或者明天就可以看见的，可能要经过几代人的努力，需要很长时间才能真正建好。当然，我们的发展还是很快的，经过几年的改革，我们已经初步取得一些成效。

1. 团结共识的局面正在形成

自改革以后，学校党政领导班子更加团结了。班子成员之间和而不同，畅所欲言、集中统一的决策机制更加顺畅了。学校内部不和谐的声音也在日益减少。这为我们开拓局面、搞好事业提供了基本保障。

在团结的局面下，经过师生员工的反复讨论，我们逐步把办学目标凝聚到了办一所有特色、高水平的一流大学上来。之所以强调“有特色”，是因为学校的资源达不到什么都发展、什么都投入的条件。因此，我们必须坚持“有所为，有所不为”，突出重点、巩固优势、弘扬特色，以此来实现学校的奋斗目标，这就要有所取舍。我们在原始创新、推动产业发展、人才培养、大学文化和精神的传承等方面都有了较好的共识。

2. 学校内部管理体制初步理顺

制度建设无论在中央、地方还是企业，都是非常重要的事情。我们这几年在制度建设方面，做了不少工作。我原来说过我要做后人的铺路石，铺路石指什么呢？就是把制度建设好，按规矩办事。任何一个单位，如果换一个领导政策就变，这叫“折腾”。我们不要“瞎折腾”，怎么样才是不瞎折腾呢？就得把规章制度定好。

这几年，我们的民主治校有了大的推进，我们制定了学校章程、“三重一大”制度等规则，包括如何执行党委领导下的校长负责制；教代会、职代会制度，这是大的学校层面的制度。在院级、教师和学生参加学校管理的层面上，我们建立了教授委员会、学生工作委员会，一些事关教师重大利益的事，如职称、晋级、分类绩效等，都不是只由党政联席会说了算的，而是由教授委员会参与讨论、拿出建议，交党政联席会决策。这样，二者之间就形成了一个互相沟通、互相制约的关系，逐步地把公共事务从原来比较封闭的状态，转向一个民主的、公开的、公平的状态。

我们把很多原来由学校控制的事情下放到二级学院，二级学院有了更大的发展空间。无论是在学科设置，还是在绩效分配、教授职称等，学校只管指标、政策，具体操作基本都是由学院来完成。同时，学校为了防止教授委员会、党政联席会出现偏差，保留了一点最终的干涉权。如果学院实在有困难，学校会通过职能部门给予帮助。

比如，在绩效分配上，有些学院不公开、不透明，我们甚至因此撤掉了一个学院全部党政班子成员的职务，有些学院还进行了个别领导的职务调整。还有，有些学院在职称评定等方面没有遵守规则、没有按规则办事，我们也毫不犹豫地进行了学校领导的调整。这种事情随着学校发展可能会不断出现。纠正这些错误，一是靠公开，让群众监督；二是靠学校党委和职能部门与学院保持密切的互动，有问题及时发现，才能及时解决。

在强化绩效管理上，教学、科研等专业技术人员实行“能力+业绩”的分类量化考核。在全国高校率先实施管理人员“343”年度考核制度，考核结果与绩效津贴挂钩：优秀奖励绩效津贴 10%，基本合格罚扣绩效津贴 10%，不合格罚扣绩效津贴 50%。这一制度对改进机关作风产生了较大的正能量。

总之，通过制度建设，我们把学校内部管理体制理顺了，给大家营造了一个心情舒畅、话有地方说的工作环境，使得大家可以在建设大学的道路上，把自己的聪明才智发挥得更好一点。

3. 人才队伍建设全面加强

这几年来，我们累计投入人才队伍建设经费 4.93 亿元。

加大对青年教师的支持和培养力度。新进青年教师成为“2+6”培养制度的受惠者，每人可获 15 万～20 万元的科研启动基金和 10 万～15 万元的安家费，不上讲台，专心科研；设立了每年 1000 万元的教师研究过渡基金，支持处于国家级项目过渡期的教师开展高水平科研创新活动；实施青年教师职称评定破格制度，2014 年有 15 人被破格晋升了高级职称。

此外，我们还实施“531”人才队伍建设工程、中南“千人计划”和“升华”系列人才计划，初步构建了阶梯式高层次人才队伍建设体系。新当选中国工程院院士 2 人，新入选“长江学者奖励计划”特聘（讲座）教授 7 人；新增各类“千人计划”35 人；新增博士后流动站 8 个，总数达 32 个，居全国高校第 10 位。

在用人机制方面上，我们前面讲，我们实行事业编制和非事业编制、长期聘用与合同聘用两种类型相结合的用人方式。非事业编制根据“谁使用、谁负担、谁负责”的原则，由用人单位根据实际需要确定，经费自理，实行协议工资为主的分配模式。

在评价机制方面，我们发挥教授的专业评价作用，二级学院自主选拔新进教师，学校原则上不设立统一的进人条件；完善教师科研、卫生技术系列副高以上职称评审方式，学校只拟定基本条件、分配参评指标、组织校外论文送审，二级学院发挥教授委员会学术评价作用，实行同行评审投票，自主推荐评审。

4. 本科教学质量稳步提高

改革以来，我们的教授、副教授全部给本科生上课。改革的成效主要看教师受益了没有、学生受益了没有、学校进步了没有。我们的教学质量靠什么来保障？靠教师！可以说，目前在全国的高校中，所有教授都会站在本科生讲台上讲课的，只有我们的大学。

在教学方面，虽然我们的本科教学质量报告、公开评比排位不是很理想，但是我们没有在报告中说假话，我们是实事求是的。我们在教学上花了很多功夫，我们的所有教授走上了讲台，我们将绩效增量部分的 80%～90%倾斜到了教学第一线，极大调动了教授上讲台的积极性。

同时，我们的津贴和绩效在算课时采用的是裸课时的算法，放弃了以前的当量计算法。原来上 60 课时的大班课，计算可能会上 300 个课时甚至 500 个课时。裸课时就是上 5 个人的课和上 10 个人的课乃至上 100 个人的课是一样的。所以教师们就踊跃地开小班，实现了很多学校难以实现的小班上课。因为小班上课，教师和学生互动时间多，教师也不用去担心工作量。中南大学的小班上课，正在不断地增加和获得突破。另外，在教改方面，我们采用了以培养学生思考力和创新力为主的交互式教学方法，连续 3 年进行推广，现在有 100 门左右。

这几年，我们累计投入本科教学经费 4.42 亿元。教授、副教授给本科生上课比例从 2012 年的 89.16%上升到了 2014 年的 98.34%；本科教学事故一票否决制和责任追究制严格落实，教风、学风明显好转。

全面梳理各专业课程体系。我们修订了本科培养方案；启动“开放式精品示范课堂计划”，立项建设课程 94 门；投入 2 亿元支持实验室建设，搭建公共基础、学科大类、专业创新和校企共建等四类实验教学平台，实验室向本科生开放时间整体超过 16 小时每天。

我们还获得教育部首批专业综合改革试点 7 项、教育部精品视频公开课 15 门、教育部精品资源共享课 40 门。“卓越工程师教育培养计划”“卓越医生教育培养计划”“卓越法律人才教育培养计划”入选教育部首批试点；创新创业教育经验被教育部和人社部推介。

我们的学生参加各类学科竞赛共获国际奖 109 项、国家级奖 236 项、省部级奖 636 项。毕业生初次就业率一直保持在 92%以上，学校成为“中国百强企业最喜爱的十所大学”之一。

此外，我们的教学改革实际上是在价值塑造、能力培养方面下功夫比较多的，而以前比较注重的知识传承，我们正在慢慢改革，这种改革非常不容易。我们的大学和中学的教学方法原来是没有区别的，就是一本教科书、一支粉笔、一块黑板，一堂课满堂灌，而现在却有了较大区别。我们推进了无监考考场的改革，整个软件学院的考试，都在无监考考场中进行。学生们都签了承诺书，承诺不要监考老师，一旦被发现考试作弊，愿意接受任何处罚。学生们在学会自我控制、自我约束。

5. 学科建设和学位与研究生教育取得新成效

我们的学科综合实力在不断增强。我们进入 ESI 全球学科排名前 1%的学科数增加 1 倍，达到 8 个；在新一轮学科评估中，进入全国前 5 名的学科数从 5 个增加到 7 个；一级学科博士授权点从 17 个增加到 33 个；硕士专业学位授权点从 9 个增加到 23 个；成为全国首批获得工程博士专业学位授权点的 25 所高校之一、全国首批新增临床医学硕士专业学位“全科医学领域”单位之一；有 5 个一级学科新增国务院学位委员会评议组成员，使我校第七届学科评议组成员达到 14 人。

我们还打破了研究生导师资格终身制，建立“有项目、有经费、有学术水平、有博士学位”的动态遴选制度，122 人次的副教授、5 人次的讲师获得博士生招生资格；扩大二级培养单位及导师的招生自主权，研究生复试指标下放到二级培养单位，录取率整体超过50%。

此外，我们进一步加强研究生创新能力培养。超过2000名研究生参加各级学科竞赛和学术实践活动，这几年共有30人次获得全国一等奖，总体成绩居全国高校前列；研究生年均发表论文数超过1万篇；学校新获国家科技奖中，研究生占获奖人数的32.6%；“做出突出贡献的工程硕士学位获得者”人数居全国高校第6位；新增研究生培养基地35个，省级研究生创新基地增长率为100%。

6. 科研管理体制改革激发新活力

我们全面规范了各级科研平台的资源配置和人员、项目经费管理制度，加强了横向科研经费监管和绩效考评，科研管理效益得到提高。

我们还建立健全科研创新协同机制，提升了自主创新能力和水平。在国家首批“2011计划”14个项目中，学校牵头1项、参与1项；这几年来，新获国家科学技术奖25项，获奖数连续3年居全国高校前10位；获得发明专利授权1226项、实用新型专利授权431项；国家级创新平台从10个增加到19个；973首席科学家项目从9项增加到17项；青年973项目实现了零的突破；新获科技重大专项课题17项、国家自然科学基金项目1557项，国家社科基金立项数年均增长30%以上。

此外，科研团队和人才的竞争力持续增强。新入选中青年科技领军人才5人；获国家杰出青年科学基金4人、优秀青年基金8人；国家和教育部创新团队从8个增加到13个。

我们学校三分之一的学院在研究材料，如材料院、粉冶院、航天院、化学院。近几年，虽然说没有以学校的名义去拿1个大奖，但是在信息、生命科学领域都有所突破。另外在材料领域，超高温难熔合金、电池、循环经济等也有很好的发展。通过改革，学校没有盲目去争一等奖，但是我们有一大批新的科研成果在培育中，而且我们的ESI前1%的学科数从5个增加到8个，很快就会增加到10个，这个很重要。

7．医疗及医学教育取得新成果

学校党委下决心对医口进行了较大的投入。像“湘雅名医”“湘雅最美护士”，我们投入了 1 个多亿元。另外，我们所有的学校科研项目，像创新驱动计划等，全部向医口开放。同时，学校拿了1.5 亿元来建设湘雅大数据。在学生公寓建设方面，学校给每个医院出钱建设研究生公寓。另外，学校推动了医口的整个系统性综合改革。原来医口总说合并不好、学校不投入之类的话，现在基本上听不到了。

如今，我们的医疗及医学教育取得了可喜的成果，这主要表现在以下几个方面。

医学教育工作委员会成立运行；“湘雅名医”工程持续推进，先后评出“湘雅名医”94 名和“湘雅最美护士”71 名；启动湘雅临床大数据系统建设，资助项目 101 个；整合医疗优势，设立“临床医学研究基金”，创新医疗技术；引进 10 人“千人计划”团队，建成国内一流的医学教育科研公共平台和转化医学研究平台；建立医学人才国际合作培养长效机制，超过 50%的长学制医学生入选国外名校交流培育项目；医学生连续 3 年获得全国高等医学院校大学生临床技能竞赛特等奖。

医疗服务质量提高。我们的 3 所附属医院获国家临床重点专科 59 个，建设经费近 3 亿元，年门急诊量突破 500 万人次；住院医师规范化培训受到教育部、国家卫计委推介；湘雅口腔医院和爱尔眼科学院成立运行；湘雅五医院、六医院启动建设。

总的来看，我们还是进步了不少，只是没有预想的那样顺利，这就更需要进一步推动改革。换句话说，改革进入了深水区。进入深水区不是触动利益的问题，而是需要改变原来的文化习惯。我们要改变旧的文化习惯，要经历文化和习惯改变的洗礼。

8．办学条件及民生得到明显改善

学校资产总规模由 60.72 亿元增长到 89 亿元，增长 46.57%；总收入由 29.5

亿元增加到 37.6 亿元，增长 27%；努力争取政府支持，实现了新校区建设的银行贷款债务全面清零；多方争取社会资助，连续 3 年实现捐赠和中央财政配比资金收入 1 亿元以上，居全国高校捐赠榜前 10 名；在职职工的绩效工资和离退休人员生活补贴连年增长，实现了人均收入翻一番的目标；行政运转费连续 3 年降低 10%以上，2014 年“三公”经费支出同比下降 26%；开展基建和修缮工程项目全过程跟踪审计，审减经费 2185.28 万元。学校资产经营公司及所属全资或控股子公司所有者权益增长 15%，2014 年利润总额 5680 万元，较 2013 年增长 78.67%，上缴利润 4300 万元，较 2013 年增长近两倍。

后勤和公房管理改革深入推进。后勤部门在校内首先开展非事业编制无固定期限用工试点，强化人员轮岗交流，压缩机构 37.8%，精简管理人员 15.4%，2014 年办公经费同比减少 34.01%。在全校电力总容量大幅增长的情况下，学校水电支出实现连续 3 年下降。建立公用房核定和有偿使用制度，2014 年收缴房产资源调节费 1128 万元，核减和调整二级学院公用房 1651 间，清理和收回校内经营性用房 20 余处，腾退机关办公用房 62 间和校内周转住房 237 套。

校园信息化水平进一步提高。与中国电信、中国移动全面合作，协同推进“数字中南”建设。建成了高速互联的“数字中南”核心网、智慧网和无线网，实现了校园无线网络全覆盖；校园网出口带宽由 5.4G 升至 25G；数字图书馆、数字档案馆建设成效明显。

校园基本建设稳步推进。多方争取校外建设资金 3.18 亿元，启动并完成新校区用于教学、科研、学生住宿等的 10 余栋建筑建设，生均住房面积达到 9.4 平方米，超过全国 8.8 平方米的平均数；累计投资 2.9 亿元，完成校内修缮项目 1000 余项；各校区教学楼和学生宿舍安装空调 9073 台，79 栋学生宿舍实现开水供应；一批长期困扰新校区建设的遗留问题得到解决；校园安全设施、体育场馆等教学科研生活条件进一步改善。

9. 政治组织保障更加坚强有力

以科学理论武装头脑，扎实开展创先争优活动和党的群众路线教育实践活动，持续加强党的作风建设，创新党建和思想政治教育工作途径和方法，全面增强党组织的凝聚力和战斗力，创造了系列工作特色和典型经验。我校教育实践活动经验在教育部直属高校会议上进行了专门介绍；学校成为入选全国贯彻中央 16 号文件先进经验典型的五所高校之一，少数民族学生教育等 4 项成果获得高校校园文化建设优秀成果一等奖；学校合并组建以来首次在全国高校党建工作会议上作典型发言，介绍我校网络思政工作做法；学生党建工作经验在全国高校学生党建工作现场会议上作为典型推介。

干部队伍建设大力加强。2014 年顺利完成学校中层干部换届；新任学校中层干部队伍平均年龄 46.3 岁，较换届前下降 3.1 岁；40 岁以下副处级干部数占副处级干部总数的 24%，较换届前大幅提高；中央组织部选人用人工作检查组对学校选人用人工作给予高度评价。

党风廉政建设扎实推进。出台了落实“三重一大”决策制度的实施办法和“两个责任”的实施意见；切实加强干部监督管理，2014 年根据群众举报和纪委监督，共核查和处理 15 人，暂缓和推迟干部选任 21 人。严格执纪问责，加大查信办案力度，协助上级纪委、市区检察院立案 26 起、“两规”或移送司法机关 27 人，处分教职工 46 人；大力加强党风廉政教育，形成和弘扬了勤政廉政的良好风气。

宣传舆论环境和品牌形象进一步提升。中南大学官方微信在全国高校教育类微信影响力榜中位列前十，官方微博被评为“2014 最具魅力校园微博”。中央级媒体宣传报道学校年均 300 篇次以上。矿冶 60 年、铁道 60 年、湘雅百年等系列纪念活动成功举办，学校的知名度和影响力大幅增强。

各方面的积极作用有效凝聚和发挥。校地联动、多方参与、携手共治，创建“平安高校”，确保了校园安全稳定；发挥统战作用，党外干部队伍建设取得新突破；校工会荣获全国“先进工会组织”荣誉称号；离退休工作“八位一体”信息化平台得到教育部和湖南省充分肯定。

10. 党建与思想政治工作成效显著

创先争优活动成绩突出。作为全国高校唯一代表在全国教育系统创先争优活动总结视频会上作典型发言；扎实推进“基层组织年”建设活动，积极开展党建工作创新品牌项目立项工作。

理论学习深入开展。精心组织学习宣传贯彻党的十八大精神，深入推进学习型党组织建设，开展校内党建工作与校内改革调研系列活动，校党委被评定为湖南省教育系统“学习型党组织建设十佳示范点”。

党风廉政建设有力推进。扎实开展反腐倡廉建设，深入落实党风廉政建设责任制；切实推进惩治和预防腐败体系建设，廉政风险防控试点工作取得预期成效，廉政风险防控体系基本形成。

思政教育成效明显。大力开展大学生理想信念、爱国兴校、核心价值观等专题教育，“勿忘国耻　振兴中华”主题教育活动得到上级部门的充分肯定；全方位多角度关心爱护学生，全力做好新疆西藏民族班学生、城镇零就业家庭学生等特殊群体的教育和服务；网络德育工作和学生心理健康教育工作稳步推进；专著《少数民族大学生思想政治教育理论与方法》获2012年全国高校德育创新发展研究成果一等奖；两岸青年文化交流活动获全国高校校园文化建设优秀成果一等奖；学校入选“中国百强企业最爱的10所高校”。

规划修订得到肯定。完成学校“十二五”规划纲要的修订工作，并在教育部直属高校“十二五”规划审核意见反馈会上作为典型发言。

安全稳定、离退休、工会、统战等工作有序推进。

11. 品牌形象得到显著提升

本科招生录取分数线全面提高。2012年，我校在全国73%的省份理科投档线高出当地第一批次控制线50分以上，在47%的省份高出60分以上，在23%的省份高出70分以上。理科投档线加权平均分高出全国第一批次控制线加权平均分57.5分，比2011年提高了11.5分。理科录取平均分高出全国第一批次控制线加权平均分70分，比2011年提高了10分。高分考生的比例大幅增加，高考成绩高于各省第一批次录取控制分数线 70 分以上的新生比例达 49.5%，比2011年提高了23.8%。重要省份的理科录取投档线再创新高，湖南省高出第一批次控制线72分，比2011年提高24分；北京市高出78分，比2011年提高

25 分；上海市高出 44 分。

学校的知名度进一步提升。我们现在在大学排名方面有了较大的进步。2013 年，西班牙国家研究委员会（CSIC）公布最新版基于互联网的世界大学排名，我校在全球排第 188 位，在国内大学里排第 11 位。虽然排名只是一个方面，但不管怎样，排名可以说明这几个排行榜已经开始关注我们了。

12. 明确了学校的目标定位与改革发展路线图

关于建设一所什么样的大学，我们有过不少的摸索和争论，但现在大家基本统一到建一所世界知名的有特色高水平研究型大学上来。这个定位还是比较准确的，我们的特色是建立在合并前的几所高校长期的历史基础上的，像湘雅 100 多年、铁道学院 60 多年，工大也是 60 多年。湘雅的特色很明显，它是我国第一所开展西医教育的学校，医学是我们的一个特色；而像数学、铁路、轨道交通，也是我们的特色；像工大的资源、材料、冶金等，更是我们的特色。

在抓住这些特色的同时，我们也要把当前发展比较快的、新的科学技术和原来的特色相结合。像信息技术里面的移动互联网、大数据、云计算，这些都可以跟我们传统的特色领域相结合。比如我们的湘雅临床大数据，就把信息技术引用进来了。

总的来说，这几年来，我们的工作有突破、有亮点，综合改革的力度、工作推进的深度、发展成果的速度都达到了新水平，师生员工及社会对学校的满意度和荣誉感进一步提升。以上提到的这些只是我们成果中的一部分。这些成绩的取得，是上级组织和国家教育政策正确指引的结果，更是全校广大教职员工众志成城、努力奋进的结果。

回顾这几年来的工作，我们认识到，学校要实现可持续发展，必须面向国家和社会需求，抢抓发展机遇，争取最大支持；必须走内涵式发展道路，强身健体聚内力，厚积薄发赢竞争；必须强力推进综合改革，突破发展桎梏和瓶颈，创新体制机制，盘活办学资源，增强发展动力；必须着力推进制度文化建设，既完善科学的规章制度体系，又培育良好的执行文化，这是一所大学长远发展的基础和希望所在；必须始终坚持以人为本，激发人才队伍活力，紧盯人才培养根本任务，关心、激励、团结和依靠广大教职员工推动学校发展上水平。

综合改革后仍然存在的问题

——在中南大学四届二次教代会、工代会上的讲话（2016 年 2 月 27 日）

大学改革虽然取得了很多成果，但我们并不能因此而懈怠，因为现在还有“危机”。

我们要有危机感，没有危机感就没有发展动力。大家想过没有，我们的危机在哪儿？我们有什么危机？如果没有危机感，我们都还会觉得日子过得挺好。实际上，现在的外部条件和内部条件，都给我们带来了很大的危机。这种危机源于哪儿？那是当前我们综合改革后仍存在的问题。在改革过程中，我们要时刻清醒地认识到我们面临的问题。

我们要推进一流大学、一流学科的综合改革，就是改进一流大学、一流学科管理方式，引入公平竞争，加大绩效考核，促进高校办出特色、争创一流。在此背景下，高等教育资源分配将更直接地体现在绩效杠杆上，大学、学科间的竞争势必会更加激烈，现代大学制度建设需求更为紧迫。

我们的大学在组建初期，主要凭借传统学科优势和合并规模效应，得到了较快发展，在“211 工程”“985 工程”及国家创新平台、重点学科建设中取得了突出成绩。但是，在以绩效为杠杆的一流大学、一流学科管理方式下，我们的传统优势挖掘殆尽，规模效应不复存在，综合改革作用滞后，面临的挑战显而易见，累积的问题亟待解决。这主要表现在以下几个方面。

1. 价值判断问题

这是一个社会问题，无论是教师、管理层还是学生，我们的价值判断和价值标准都发生了偏移。这个偏移当然不能只怪学校，也有社会因素，讲名利、不讲情义，讲利益、不讲规则。什么事情都是先考虑自己，不管别人，小事情闹成大事情。稍微受点委屈就要到一办、二办来围堵。现在好一点，围的人少了，但还是有。他们以为把书记、校长围住就能解决问题，但学校是讲道理的，有道理的事我们积极解决，也不用你围。没有道理的事你就是再闹我们也不能偏离原则地办。采用极端手段使学校让步，没有这个道理。群众利益只要是合理合情的，不讲我们也会去认真办。不合理、不合法的，再闹我们也不会强办。一所大学要想运行顺畅，靠什么？不是靠人和靠闹，而是靠制度，靠自觉地执行制度。所以我们说要把制度建成文化。

2. 思想认识问题

一直以来，我们的思想认识跟不上时代的需要。不可否认，从教师到管理者，我们在思想上都存在小富即安的现象。比如说，早上 2 点，清华大学的学生在图书馆抢不到座位，整个图书馆灯火明亮。我们学校有吗？我们学生的学习风气、教师的科研风气有这样的吗？很多教师说，他们在浙大、交大等学校看到过，晚上、假期不休息的老师占多数。而我们一到假期就开始制定出国旅游计划，有科研经费的老师去交流访学了，没有科研经费的也自费去旅游了。真正扎在实验室搞科研的很少。

在绩效分配上，我们学校政策明确、规则清楚，但是某些学院在分配时还是不透明、不公开，“行政人员拿得多、一线人员拿得少”还没有杜绝。学校放权给二级学院，原因在于学院领导对学院发展情况最了解，最能直接促进学院的发展，但是为什么仍然存在这些现象呢？这说明学院的领导还没有把人民群众的利益放在心上。所以，在认识水平、关注办学发展水平等方面，我们要改进的地方还有很多。

3. 人才队伍问题

学校的中青年领军人才、骨干人才和学科交叉型人才匮乏。尤其是中青年人才在国内外的知名度不够、学术水平有待提高、缺乏拼搏精神、对国家和地方经济社会发展需求的把握力不够，在一些新的学科增长点也缺乏领军人才。人才缺乏是一方面，另一方面是对冒尖的人才不予重视。一些学院存在这方面的问题，学校也存在同样的问题。学院和学校都需要进一步完善人才引进、使用和培养的体制机制。我们在选人用人上不要唯学历、唯论文、唯出身，要重真才实学。须知，任何大学，人才都是第一位的。

4. 人才培养问题

很多本科生常向我反映许多问题。比如，好一点的课选不上；选课系统有问题；有些学院、专业的学生上的课程过多；名师、教授上讲台的少；讲课方法好的老师不多；用地方话讲课的老师多等。这些问题会导致学生的学习积极性下降，科教结合不够，实验室尤其是科研实验室向本科生开放的范围不够，学生动手实践少。

在研究生培养方面也存在不少问题。某些导师“用人不育人”，一些学生“要学位不要学问”。研究生成了某些老师的私人财产，研究生参与科研变成了某些老师同意学生获得学位的必要条件。

5. 学科建设问题

学科的数量多；本位主义依然存在，打破学科界限，发展新兴交叉学科的思维模式有待加强；学科建设靠学校、科研成果归自己的惯性思维比较严重。此外，怎样让老树发新芽，怎样跟上新兴科技的发展，我们的想法少、成果少、项目少。

> 我看过这样一个事例，美国有个学生叫杰克·安卓卡，在他 13 岁时因为叔叔患胰腺癌离世，他开始对胰腺癌检测与治疗产生兴趣。后来的一个偶然的机会，他将碳纳米管的研究和胰腺癌检测治疗关联了起来，于是便设计了一个研究计划，并寄给了 200 位教授，其中 199 位教授都忽略或者拒绝了他的计划，只有一位来自霍普金斯大学的教授给予了回应，并为他提供了研究条件。4 年后，他成功研发出了一种只需 3 美分的胰腺癌诊断试纸，相对于现有检测手段其成本可忽略

不计，准确度却提升了400倍。学校很少有老师去想基础研究的东西，而这个孩子打破了常规，没有从医学的角度去考虑这个问题，而是从材料的角度来考虑。我们也需要这样的人才。

我们学校是以有色、选矿、材料、医学、铁道等传统学科为主的。我们的新学科不强，传统学科又面临被调整。怎样把夕阳学科调整好，或者在夕阳学科中发掘出新的东西来？这都是非常重要的。我们不能安于现状，要思考、要有思想。人类要是没有思想，那还剩什么呢？

6. 教学方面问题

教学改革虽然费了很大的劲，但还有不少问题。如用方言教学的现象一直存在，学生适应老师的方言就需要很长一段时间。所以学校一直提倡让学生自己上讲台、老师提问题。

东京大学有一个著名的物理学家写了一本书叫《思考力》，他认为现代教育整个都存在错误，只培养考试力，不培养思考力。

有一次我去理发，理发师傅告诉我，他13岁的女儿已经有一缕指头粗的白发。我问是不是天生的？理发师傅说是读书读的。

所以，我们要反思教育的问题。美德、传统文化等都没有时间和精力去学习和培养了，玩也没有时间了。玩其实也是一种学习，由于小时候没时间玩，所以我们大一的学生就会有“18岁以前没玩过，19岁上大学了抓紧玩”的想法。大学一年级稍抓得不好，不少学生就会在由高中向大学转变的过程中出问题，“大一病”就是这么来的。部分学生晚上不睡觉、早上不起床、白天不上课。

还有教学方法的问题，有些老师一直没有搞清楚高中和大学授课的差别，讲课内容陈旧、以灌输为主，不理解学生和社会需求。

7. 科研方面问题

科研方面的问题主要体现在以下几个方面：一是科研活动与国家重大需求、市场经济对接不够，科研活动与产业发展协同创新不够，有的科研选题不能真正切中社会经济发展中的关键问题、不是有价值的科学问题。部分中青年教师对科研不积极，不出去争取项目。中青年教师拿到大项目的概率不高。二是技术转移市场化机制不够，知识产权商业运营和维权组织机制缺失。三是现有的以院系为单位的科研组织模式不适应学科交叉融合和协同创新。四是在基础研究上有兴趣的人不多，潜心学术研究的氛围不够。五是人文社科科研结合国家和地方社会经济发展不够，没有多少亮点。六是科研与人才培养尤其是本科生培养的结合不够紧密，寓教于研、以研助教的机制亟待完善。

8. 管理方面问题

学校的用人制度、人员晋升制度、分配制度等缺乏足够的活力。学校集权太多，二级学院的权力太小、责任感不强。二级学院缺乏足够的自主权。学校的品牌意识不强，实力要远大于品牌。此外，在人事制度上，管理队伍人数依然偏多，岗位权责、分工不太明确。非事业编制改革进展较慢，绩效考核的量化标准有待进一步完善。

9. 学生自身问题

现在有些学生在心理上动不动就以“985”“211”学校自居，还时不时抱怨生活不好。我们要使他们在心理上从一个依赖别人的孩子转变为成人，转变为一个能吃苦、有担当、有责任感的人。为此，在学生工作方面我们还要花大力气。

10. 校办产业问题

部分企业效益差、生存能力较弱，创收、盈利能力不够；历史遗留问题和纠纷多，不良产业清理整顿困难较大。

11. 管理服务问题

部分管理干部的能力和水平不能满足工作需要；怕担责、不作为的现象部分存在；讲规则、讲程序的制度文化等新常态建设有待进一步巩固增强。

12. 后勤保障问题

学生的住宿条件还是差，亟须进一步改善。校本部校门、湘雅老校区校门和学校的周边环境亟待整治。还有学校的一些教学楼、实验室、教工宿舍等也亟须维修改造。

13. 校园环境问题

具有本所大学特色的精神文化共识度不高；校园周边环境复杂，与高水平大学建设不相适应。

这些问题只是冰山一角。基于以上考虑，我们今后一段时期工作的总体思路应该会有调整，主要是：高举中国特色社会主义伟大旗帜，深入学习贯彻习近平总书记系列重要讲话精神，坚持走内涵式发展道路，全面深化综合改革，全面推进依法治校，全面加强党的建设，全面构建现代大学制度文化，着力提升学校的综合实力、办学效益和竞争力，为建设世界知名的有特色高水平研究型大学而奋斗。

改革的后续改进方向

——在中南大学三届三次教代会、工代会上的工作报告（2013 年 2 月 26 日）

最近几年是学校综合改革关键的几年。形势和任务都比较清楚，关键是落实、落实、再落实。我们要落实党的十八大精神，坚持走面向国家和地方需求、以教授为中心、以学生为根本、以提高教学质量为核心的内涵式发展道路，继续深化校内改革，以改革促发展，向改革要效益，切实加快有特色高水平一流大学建设步伐。在具体改进方向上，我们要着眼于以下几个方向。

1. 坚持深化改革，建立以教授为核心的民主管理机制

深化改革的中心任务就是要在党委领导下，建立以教授为核心的民主管理制度。形成并完善“全员参与、激发活力、民主决策”的良性机制，营造民主氛围，增强民主意识，实现民主管理，以此推动人事管理、本科教育、科研管理、学位与研究生教育和医学教育等改革，逐步形成党委领导下的学术自由氛围。同时，把发扬民主与讲规则、讲程序、讲道理相结合，做到民主决策、按章办事。

2. 坚持事业留人、感情留人、待遇留人，着力加强人才队伍建设

（1）建立健全各类人才发展平台

大学是以人为核心的，要尊重人、团结人、用好人。要为教师和学生提供更好的研究和学习条件与环境，使更多的教职工和学生有自由发展的平台。要完善与国家青年人才计划相衔接的校内青年人才队伍建设培养体系，适当增加学校“升华”系列人才计划指标。要继续推进青年教师潜心开展科学研究的制度，二级单位要将新进青年教师纳入到相应的学科梯队，制订切实可行的措施，实行“一帮一”培养，促进其尽快成长。

（2）继续大幅度提高骨干人才待遇

在增加学校福利的基础上，以横向科研为突破口，积极探索科研效益激励机制；继续坚持效率优先、兼顾公平、按劳按绩分配的原则，在教职工待遇普遍提高的基础上，重点向“531”人才队伍建设工程入选人才倾斜、向教学科研并重岗人员倾斜、向重要管理岗位人员倾斜。

（3）充分调动教师科研积极性

启动教师研究基金评审工作，鼓励高职称教师开展学术研究；继续支持与鼓励教师和科技工作者积极承揽项目，对进校经费、高水平论文、科技成果等具有标志性、显示度和影响力的指标进行定量评价，业绩突出者，学校给予奖励。

（4）不断优化教职工队伍结构

在严控引进标准的同时，逐步扩大师资总量，加大对国（境）外名校和高水平科研院所优秀博士的引进力度，适当控制本校博士选留比例，杜绝师资冗余现象出现；做好新进“2+6”教师的跟踪培养与考核工作；通过设立过渡期、增加“教学口”职称晋升指标、鼓励融入科研团队、转岗分流等途径，分类解决事业编制“老讲师”的出路问题；启动职员职级晋升工作；做好实验技术队伍建设的系统设计，在引进、培训、培养、聘用、考核和晋升等方面对技术人员进行全面规划，力争将实验技术骨干纳入师资培养计划。

（5）加大人才引进和培养力度

继续做好国家“千人计划”“青年千人计划”“国家青年拔尖人才支持计划”“长江学者奖励计划”“杰出青年科学基金获得者”等人才的培养引进工作，并将其作为一级学院年度综合考核的重要指标。

3. 坚持以学生为本，不断优化学生成长环境

（1）充分发挥学生在学校管理中的积极作用

优化学生工作委员会，召开全校学生工作会议，把学生的思想工作、行为管理、教学工作和教学过程有机结合，畅通学生参与学校管理的渠道，充分倾听学生声音、尊重学生意愿、重视学生意见，切实满足学生合理诉求。

（2）继续改善学生生活条件

充分利用教育部改善基本办学条件资金，加大投入，用于学生宿舍标准化建设、校园环境改造、学生食堂与学生活动场所修缮和学科楼栋改造；筹集资金，建成建筑面积9400平方米、拥有728个床位的铁道校区新2舍，每间寝室都提供热水、网络；根据学校电网基础设施改造完善进度和经费投入情况，分步对各校区教学楼安装空调；加大对学生食堂伙食补贴力度；加大综合治理力度，逐步优化学生宿舍的周边环境。

（3）加快“数字中南”建设步伐

全面完成与中国电信、中国移动合作的有关建设项目，抓紧做好校园无线网络覆盖、湘雅校区有线网络改造和校园网络服务器的升级工作，规范公用数据库和专用数据库建设；全面启动“校园一卡通”的升级改造工作。

（4）加大对学生活动的支持力度

探索建设学生特色成长辅导室，争取省级立项，在各校区和有条件的学生公寓建设学生特色成长辅导室；建设学生素质拓展综合训练场；加强文科就业基地、大学生校外教育基地和少数民族团结教育活动场所的建设；加大对研究生思想政治教育活动与研究生学术论坛的支持力度；进一步推进团学组织微博立体应用，构建特色鲜明的新媒体工作格局。

4. 坚持以质量为本，切实加强本科教学

（1）进一步加大教学改革力度

启动“精品课堂计划”，支持10门左右课程，实施交互式、讨论式、综合实践式教学模式，给学生提供开放的、多向度的课堂，活跃课堂气氛，增强课堂吸引力，力争在提高教学质量和学生动手能力上取得突破。

（2）进一步巩固本科教学质量工程建设

全力组织实施国家教学成果奖评审工作，确保国家教学成果奖评审达到预期目标；动员、组织3～5个优势工科专业参加教育部组织的专业认证，进一步提高专业办学水平；做好国家精品视频公开课、资源共享课的申报、建设工作；继续做好国家教学名师申报和精品教材建设工作。

（3）进一步提升实验室开放工作水平

建立促进本科生进入实验室的长效机制，建立并规范开放基金的申报、论证、管理和评估等流程；实施项目建设进度通报制度，切实保证实验室开放工作取得实效。

（4）进一步完善教学质量监控体系

建立健全本科教学状态数据、教学质量年度报告发布制度，完善教学事故认定办法，规范和稳定教学秩序；进一步加强本科教学质量督导委员会建设，完善本科教学状态督导工作机制；优化教学质量保障、评价和调控系统。

（5）进一步深化创新创业教育改革

启动“创业基础”课程建设和创业教育实验室建设；深化教育部创业教育人才培养模式创新实验区建设，实施国家教育体制改革试点项目；承办中国大学生创新创业年会。

5. 坚持以“2011 计划”为龙头，大力推进科学研究工作

（1）深入推进大平台建设

扎实做好首批“2011 协同创新中心”的认定工作，力争“有色金属先进结构材料与构件协同创新中心”成为首批认定的协同创新中心；组织力量做好“大型客机发动机重大基础设施”的申报工作，争取获得我校的首个此类平台；坚持以“协同创新平台”的培育和建设为抓手，探索大平台管理建设模式、交叉型大团队的建设模式和高校提升社会服务能力的模式。

（2）积极探索科研激励新模式

以横向科研为突破口，积极探索科研效益激励机制，试行“中南千人计划”等政策；进一步提高对技术转移和知识产权转化的激励，调动教职工的科研积极性。

（3）努力培育标志性成果

坚持纵横联合，以大项目的全程管理为基础，做好标志性成果的前期跟踪和全程指导咨询，为大成果的持续产出奠定基础。

（4）切实加强科研管理制度建设

深入领会国家对高校科研工作要求的内涵，全局构建学校科研管理的体制构架，系统思考学校科研管理的制度体系，做到规范管理、释放活力、促进发展。

6. 坚持教育、科研与医疗相结合，精心打造百年湘雅品牌

（1）深化医学教育改革

建立、发展我校医学国际交流合作新模式；加大临床医学人才国际化培养力度，建立有规划、有组织、长期性的医学国际交流合作机制，把更多的临床八年制学生送到耶鲁大学等国外知名高校培养；做好改革后的临床八年制学生培养方案实施工作；组织举办 2013 年第四届全国高等院校医学大学生临床技能竞赛总决赛，力争特等奖。

（2）实施临床科研支持计划

启动“临床医学研究基金”，争取临床实用技术取得新突破；继续加强医院临床重点专科建设。

（3）抓好临床骨干人才培养

继续做好“湘雅名医”评选工作，大力培养医学领军人才；加大优秀一线临床人才，尤其是中青年人才的培养力度，建设一支国内一流、充满活力的临床骨干队伍；进一步完善湘雅特色住院医生规范化培训体系。

（4）加强医学研究平台建设

启动并完成湘雅新校区实验动物大楼建设，为学校实验动物教学、科研提供良好条件；发挥大学平台优势，加大医学基地建设力度，发展一批具有湘雅特色的医学基地。

（5）提升服务能力和医疗水平

服务医改大局，树立以病人为中心的医疗服务理念，狠抓医疗基础质量，强化医疗安全管理，逐步从医疗服务量的扩张转变到质的提高上来；继续做好医疗扶贫、血防和对外援助工作。

7. 坚持以拓宽办学经费为重点，继续改善学校办学条件

（1）稳步提高学校收入

申报调整部分专业学位、短训班、进修班的学费收费标准，争取湖南省有关部门的政策支持；对网络教育学院、继续教育学院等单位的办班收入试行目标考核，进一步扩大其办学自主权；建立办学收入分配的预算制管理机制，进一步激励办学单位积极性；进一步发挥基金会、董事会、校友会的联动作用，争取实现捐赠收入 6000 万元，早日促成中南会堂的建成。

（2）努力完成基建任务

年内完成新校区的规划调整工作；启动并完成校本部资源与安全工程学院后山实验室等项目；基本完成新校区化学楼的建设；启动新校区地信楼、学生素质教育中心、冶金楼及校本部标准化学生公寓一期工程和青年教工公寓等项目，上述项目总建筑面积 103361 平方米，计划总投资 3.898 亿元；基本完成左家垅区域地下网管、道路、围墙等基础设施建设。

（3）有序推进公用房改革

推进学校公用房有偿使用管理改革，盘活公用房资源。在对各公用房使用单位定额核算的基础上，重点将新腾空的公用房纳入科研周转房管理，实行有偿使用；加强学校周转住房管理，做好危旧住房住户的腾空转移安排工作。

（4）积极做好其他工作

出台“科研经费审计实施办法”；全面启用“档案馆综合业务平台”；认真做好国家资质认定实验室换证和扩项评审工作；争取入选国家新闻出版数字化转型示范单位。

8. 坚持以十八大精神为指导，持续提升党建和思想政治工作水平

（1）切实加强思想和组织建设

深入学习贯彻党的十八大精神，推进党的十八大精神进教材、进课堂、进头脑；深入推进学习型、服务型、创新型党组织建设；开展以“为民务实清廉”

为主题的群众路线教育实践活动；开展“围绕改革看作风”主题教育活动，切实改进机关作风，提高管理服务水平。

（2）深入推进党风廉政建设

制定学校惩防体系建设 2013 年至 2017 年工作规划实施方案；扎实推进和认真总结廉政风险防控工作，构建反腐倡廉长效机制。

（3）继续加强干部队伍建设

积极探索党管人才的管理新模式和工作新举措，加大校内干部交流和年轻干部选拔培养力度；积极探索和推行二级学院院长任期制。

（4）扎实做好思政工作

继续探索、深化学生理想信念教育，做好学生心理危机预防及干预工作；继续推进就业工作“融强计划”，切实提高毕业生就业质量；深入推进研究生导师一岗双责制，促进研究生的德育素质和科研素养全面提升；探索建立新进青年教师担任班导师工作制度，充实和提高学生工作队伍；举办第三届辅导员技能大赛。

（5）努力做好安全稳定工作

结合学校社会稳定风险研究评估中心建设，加强维稳工作的预研、预判，增强突发事件的处置能力。

（6）认真做好其他工作

认真做好工会、共青团、统战、离退休、关工委等工作，充分调动各方面积极性。

9. 坚持以人为本，力争进一步提高教职工生活待遇

继续开源节流，拓宽经费渠道，增加津/补贴的投入，建立津/补贴正常增长机制，增强学校对人才的吸引力。

最后我要强调一点，我们的改革不可能一蹴而就，但不改革就没有前进的动力，就会失去许多发展的机遇，就会延缓我们建设世界知名的有特色高水平研究型大学的步伐。让我们振奋精神，凝心聚力，改革创新，开拓进取，全力推进学校各项事业科学发展，为科教兴国和人才强国战略做出新的更大的贡献！

关于学科建设：坚持百家争鸣，带动百花齐放

法学院：团结有时候比原则更重要

——答法学院学生问（2014 年 4 月 25 日）

《立正安国论》一书中有这样一句话：“国因法律而昌，法律因人而贵。”这句话的意思是，国家因为法律的健全而昌盛，法律因为人而显得珍贵、重要。那么作为中南大学的法学院，我们又应该如何进行学科建设呢？

1. 团结有时候比原则更重要

问：人一生都在处理 3 个问题，人与自然的问题，人与人的问题，人与自己内心的问题。我们当代中国已经解决了人与外在自然物质的问题，现在亟须解决的是人与人的问题和人与内心的问题，我们应该如何来解决这两个问题？

答：这个问题对我来讲有点难度，因为人与人和人与内心的问题确实比较复杂。社会上处理人与人的关系，无非是法律和道德。单纯从法律来讲，我们认为法官判案最重要的依据是什么？很多学生可能给的答案是正义。

我认为不完全对。什么是正义？你怎么样实现你的正义？这都是一个主观判断问题。也是一个人与人之间的问题和人与内心的问题。

不论是对于律师、法官还是检察官，在案件中有两条东西是极其重要的：

一条是经验，另一条是逻辑。公平和正义是人们的一种看法，是很主观的东西。正义是要通过经验与逻辑来判断的。

在西方法律里，一直在争论是经验重要还是逻辑重要。美国有一个很有名的大法官，认为经验比逻辑重要，所以美国的案件是按照案例来判的。虽然收集证据的过程需要逻辑，但是美国法官依然认为经验比逻辑更重要。

我们拿著名的辛普森案件来说，虽然案件证据确凿，但收集证据的程序出了差错。所以按照经验，辛普森被无罪释放。这个案件充分体现了经验比逻辑重要。不过，逻辑也很重要。没有逻辑，就没有证据链。这在中国或一些大陆法的国家，可能更重要一些。这两者结合起来，才能得到客观的正义。

人与人之间的关系，是世界上最复杂的关系。人和人，不仅有法，更要有情。有情，但又不能违背道德和良心。有时候，法和情是抵触的，这就是处理人与人关系难的地方。有一位领导曾经讲过这样一句话："团结有时候比原则更重要。"尽管法律的原则是需要坚持的，但是在不触及底线的情况下，团结有时候比原则更重要。

那么什么时候可以让步？什么时候不可以让步？做法官，一是要正确把握法与情的关系，二是自己要有一颗强大的心。

人和内心的问题是一个宗教问题，也是一个哲学问题。人的内心可能随外部环境不断变化。如何去平衡你的内心？你要知道自己追求的是什么？人要学会妥协和让步，退一步海阔天空。如果不妥协、不让步，一味地顺着自己的内心去行动，有时会"走火入魔"。

2. 少一些官气，多一些学气

问：李培根先生的卸任演讲中提到一句话，希望华中科技大学少一些官气，多一些学气。那您觉得中南大学怎样才能做到"少一些官气，多一些学气"呢？

答：关于官气和学气的问题，其实还是一个行政化的问题，也就是官僚主义和教条主义在大学的体现问题。我们管理部门的同志在办事的时候对老师、对同学、对其他部门同事的态度都可以更好一些，忙的时候可以给师生递一杯水或者一杯茶，让师生坐着等一会儿，尽可能给师生很温暖的感觉。其实很多行业都存在为朋友服务而不为人民服务的问题。那么我们怎样去解决这种问题呢?

中南大学做了许多努力，我想同学们应该有所感受。我们就是要树立一个讲规则、讲程序、为师生服务的理念。我们也想出了一些办法，比如说完善考核制度等。通过我们共同的努力，我相信我们的官气会越来越弱，学气会越来越强。

3. 教授和学生是法学院快速崛起的基石

问：对于中南大学来说，我们的优势是工科和医学，文科专业并不是优势。那我们该怎样借助工科和医学的优势发展文科，以使我们法学院能像华中科技大学的法学院一样在短暂的时间内快速崛起呢?

答：其实，这不仅是法学院，而是整个文科的问题。我认为，文科的好与坏不能简单地来评价，不能简单地说中南大学的文科就是弱。中南大学的文科正处在一个快速发展与上升的过程中。文科的发展有它自己的规律，怎样快速发展？我觉得最重要的是教授和学生。现在中南大学的文科学院已经有了一些在全国都很知名的教授，这是我们的荣幸。

无论在哪一所大学，大学生的培养内容都应该是价值、能力和知识。无论文科、工科还是理科，其核心都是培养学生的逻辑、理性和批判精神。

什么是“人文精神”？人文精神就是人性、理性、超越性，人性就是以人为本。一个社会如果不以人为本，而是以物为本，就像一个人可以为了财产牺牲生命，那就有问题了。生命只有一次，这是多少钱都买不到的。

所以，人永远是人文精神里的第一位的！理性就是逻辑，就是科学。超越性则是对时空的超越，不要因为一时一事，不要因为某个人的一句话就去改变。我们不要做墙头草，要追求真理，超越时空。法学院更应该具有这种精神。

公共管理学院：不要排斥做官，但也不能急功近利

——在公共管理学院答研究生问（2013 年 11 月 24 日）

中南大学的文科虽然发展时间不长，但包括公共管理学院、文学院、法学院等在内，已经有一些在国内有地位、有影响力的“大家”了。此外，我们的研究生也都很优秀。即使我们中南大学不是以文科为主的学校，但我相信我们的文科会发展得越来越好。

我们国家现在致力于实现“两个一百年”奋斗目标，这也是你们这一代人做贡献的最佳时期。因此，作为公共管理学院的学生，你们应该努力去实现自己的梦想。

1. 不要排斥做官，也不要急功近利

公管学院有的同学可能认为，一个人的个人价值要通过进入官僚体系，并在历史上留下浓重的一撇来实现。在这个问题上，我个人的看法是：人不要排斥做官，也不要唯做官，不要急功近利。其实中国古代之人提得挺好：先天下之忧而忧，后天下之乐而乐。一个人要把自己放在时代的大背景下去锻炼自己，特别是要注重基层的实践锻炼，要懂人民的疾苦和人民的需求，还要学会为人民解决问题的方法。

基层的锻炼就是帮助我们了解国情、懂“草根”。很多英雄都是既懂“草根”又懂精英，所以他们遭受了多次打击后仍能站起来。我们如果走上公务员这条路，就要时时刻刻记着为别人服务，这样领导才会看重你；同时，我们还要做好当不了官的准备。不当官，也是能在历史上留下浓浓痕迹的。条条大路通罗马，七十二行、行行出状元。

2. 养成良好的科研习惯，助力梦想

我们不管是公共学院的，还是法学院的，都要保持良好的科研习惯。那么如何去做呢?

（1）找到准备解决的问题

在你研究的领域里边，怎么去发现问题，这是一个科研人员最重要的素质之一。如果你发现不了要解决的问题，或者发现的问题不恰当，都是不行的。如果发现的问题太大，就可能到老了还没能解决；如果发现的问题太小，那可能很快就可以解决，这时别人又会说太简单了，显示不出你的水平。

所以，如何找到一个既符合社会和国家需求，又能在做的时候感觉有点意思和想去做的课题呢？你需要相当敏锐。包括我们今后出去做企业也好、当科学家也好、当公务员也好，都是一样的。当企业家一定要能发现商机、当科学家一定要能发现问题、当政府官员一定要能发现哪个地方可能不稳定。这些如果发现不了，你就没法下手工作。

（2）不要给自己压力

当找到问题之后，你要怀有一种比较宽松的心情去做事，不要给自己太大的压力。从事科研就要像在田埂上散步一样，慢慢地走，急的话就很难“出东西”。如果你已经找到问题了，就可以借鉴别人的一些做法，因为别人在解决别的问题的时候有他们自己的办法，你不一定找和你研究一样的，而是可以找类似的方法来解决你的问题。理工科的问题，只要不是特别大，一般都能解决。当然，如果要解决像西塔潘猜想这种问题，是需要天才的，所以这种问题另当别论。

（3）把解决的结果表达出来

在发现问题、解决问题的基础上，我觉得更重要的是，怎样把你解决问题的结果表达出来。

我觉得发现问题和表达问题比解决问题更重要。如果下点功夫，多难的问题都是可以解决的，关键是解决完之后如何将其抽象、提炼出来。这就和雕刻一样，原材料中哪些是要留下的，哪些是要去掉的，我们自己要很清楚。

问题解决后你要能把逻辑理清楚，写成论文在国际会议或者期刊上发表，要让审稿人通过。审稿人通过的第一步就是要看得懂你写的东西。

我们现在总是讲大学生要培养独立批判精神，如果没有理性的、逻辑的批判思维，写文章是很难的。所谓的理性批判，就是逻辑性地批判。我们首先要承认有问题，有问题就要进行批评，批评也不是胡乱批评，而是有逻辑地批评。发现问题之后的表达，就是要用逻辑性的文字将问题写出来。我们现在不缺会考试的学生，而是缺少能够用理性和逻辑思维批判问题的学生。

因此，加强我们的写作和表达能力，对做科研也是非常重要的。

3. 努力奋斗，实现自己的梦想

当代的中国有点像狄更斯在《双城记》里说的那样，“这是最好的时代，也是最坏的时代；这是令人绝望的冬天，也是充满希望的春天”。

现在的社会给了大学生和研究生太多的机会和安身立命的途径，但是有时候选择太多反而会变得无路可走。比如说，有的人梦想当一名大学老师，而有的人想当一名公务员，但身边却充斥着各种声音，这就会让自己变得有些迷茫。那我们应该如何排除阻碍我们的声音呢?

一个人有梦想是好的。人的梦想有难的，也有容易的。当前虽然是很好的时代，但是官二代、富二代这些人可能不需要奋斗就已经实现了梦想，而有梦想的普通孩子可能努力了还实现不了梦想。即便如此，我们也要坚信一条：只要坚持、努力、奋斗，就肯定会有好的结果。

我也有很多迷茫的时候，现在也在迷茫。可能一个人生下来就是这样，从你有记忆、有思考开始就会有迷茫。为什么我们说价值判断和价值选择很重要呢？人的迷茫实际上很多时候是因为价值标准还不清晰导致的。当你知道自己要选择什么的时候，你就不迷茫了。

我们当年机会很少，希望也很少，整天在地里干活，而且还给自己规划好了要盖两间房子、娶了媳妇、生几个孩子……谁知道春雷一声震天响！改革开放、恢复高考为我们提供了机会。因此，我们不要放弃自己的梦想，在大学期间要好好学习，努力去实现自己的梦想。

工科学院：人才永远是第一位的

——在工科学院“双一流”建设工作座谈会上的讲话（2017年4月1日）

继“211工程”“985工程”之后，我国的高等教育改革瞄准了建设“双一流”，即建设世界一流大学和一流学科。“双一流”建设涉及到学校的方方面面。

“双一流”建设的首要问题是建规立章，建制度，执行规则。党的领导、党的建设都应该在这些规章制度中体现。特别是要体现总书记讲的“四个坚持”和“四个服务”，这是为了保证大家有一个好的教学、科研环境，让学生在这里能够好好学习，有一个多维的成长空间；让老师在这里有一个努力工作并能感觉到幸福和快乐的家园。

那么，我们学校的“双一流”建设核心任务应该怎么抓？

1. 把“人”放在首位

我们前面讲的很多问题，如学科和学院的关系问题、投入和产出问题等，都是缺少核心领军人才，学校最大的问题也是领军人才不足。

这一点从院士的评选中就可以看出来。上一次院士评选，北京大学入选7位，清华大学、上海交通大学、浙江大学都是4位以上，湖南大学有3位，我校只有1人入选。为什么？因为这么多年，我们对人才的重视程度不够。从资源投入上看，没有着力去培养下一代领军人才。我们现在面临的问题是外面人才引不进来，内部的人才“长”不起来。

学校党委经过多次研究，在年轻人才的培养上，下了很大的决心，重点做了几件事：一是培养一批35岁以下的副院长。二是让引进的年轻人集中精力搞科研——新进青年教师8年不上讲台，集中精力做科研。三是对有基础、有潜力的副教授，通过创新驱动计划在经费上给予足够支持，理科、工科、医科的副教授人均资助 100 万元左右。四是对引进的青年千人、杰青等高层次、有学术地位的人才，尽量给予他们全国中等以上的工资水平、安家费和必要的科研条件；同时通过特聘教授的方式，让他们有工作的环境、工作的条件和工作的平台；在体制上允许他们根据需要成立自己的研究所，为他们全方位提供支持空间，让大家能够尽快地成长起来，为学校的后十年打基础。

同时，学校也没有放松对现有教授的支持。在启动“创新驱动计划”之前，学校每年会拿出 1000 万元，支持处于大项目断档期的教授。随后，对接国家的“双一流”建设，学校将这 1000 万元并入了启动的“战略先导计划”，就是学校会拿钱来支持好的项目，但是要求这些项目能够对接国家需求、能够面向国民经济主战场，团队骨干能够成为领军人才。

这些支持都是针对人的，并没有针对到学院。但是，这并不是说学校就放弃了对工科的支持，学校对工科是非常重视的。这些年，学校经费的使用更多地倾向于普惠性，大幅提升了教师待遇。从普惠性上来讲，大家的工资涨了，校园环境和办学条件好了，保证了师生员工有舒心的生活环境，这比什么都重要。所以从这个角度上来说，我们是把“人”放在第一位的。

把“人”放在第一位，我们要抓两件事。

（1）本科人才培养与教学

通过我们的培养，首先要让本科生真正学会价值判断、选择和塑造。其次是本科生能力的培养。那到底要培养本科生具有什么样的能力？

目前我们的老师还是以培养学生“考试力”为主，总是通过考试来考核学生。但是教学教的不仅是考试力，教学改革最大的难度也在这里。真正的“双一流”建设，需要思考本科生的培养，要将培养“考试力”为主转变为培养“思考力”和“行动力”为主。这个转变是非常艰难的。我们现在正在推的开放式课程还不是我想要的开放式课程，其相比以前仅仅进步了一点点。怎样让学生围绕着问题在上课之前就有所准备？怎样让老师在课堂上能够以讨论式的、交互式的方式进行教学，并通过这种方式来培养学生的思考能力，提高学生的行动力？怎样让老师在考核学生的时候能够根据学生的思考力和行动力作出判断，这些都是我们教学努力的方向。

另外，我们还要注重知识的传授和智慧的启迪。在移动互联网时代，知识传授发生了很大变化。教师的知识如何更新、如何发展？这要求教师能紧密地将教学和科研相结合。没有好的科研的老师，很难担起知识传授的重任。智慧的启迪，重在培养学生的总结、抽象、思考和辨别能力，要使学生真正把价值、能力和知识转化为智慧。

（2）引进国内外拔尖人才

在引进人才过程中，“德”是首要的。如果这个人只是一味地谈钱、谈待遇，那我们不要。我们要的是大家能在愉快的环境下共同奋斗。我们要着力培养一大批想干活、能干活、能出活的骨干，并将他们培养成为核心领军人才。只要有一个这样的人才来带领团队并形成梯队，整个学院和学科就有发展力了。

2. 抓好科研项目

抓人才而不抓科研项目，人才是上不去的。

抓科研项目首先是要对接国家需求。我前面讲过要抓好“三个回归”，一个是要有学术水平，另一个是要有兴趣，但最重要的还是要有需求。要给有兴趣、有水平的人留出时间、腾出空间、提供条件，让他们把自己的问题想好，鼓励他们去研究国家重大需求。我国科技体制发生了重大改变，设立了国家重点研发计划。国家重点研发计划的思路就是以应用带动产业链，带动基础研究，然后促进它们螺旋式发展。

举个例子，人民币用一段时间就会变黑，但日元用10年还跟新的一样，关键技术在哪里？中国印钞造币总公司一直想突破这个问题，这就是国家需求。要解决这个问题涉及到很多方面：第一，问题出在哪里，你要找出来；第二，找出问题后，要判断能不能进行产业化。

再比如，国家现在对海洋特别重视，很多大学都着手在这方面布局，我们学校搞不搞？我们学校的学科强项是矿业和有色金属，与海洋利用高度相关，但是我们从来没有人主动去找国家海洋局汇报。两会期间，中国铝业的校友还和我沟通，说现在铝业已经回暖，我们能不能再进一步加强合作？这全是需求。

产业问题、基础研究问题等都要通过需求引领来解决，然后再反过来促进需求上升。我们的教师要思考如何从国家、企业的需求中寻求突破，列成重大研发计划选题；或者如何很好地介入已列成重点研发计划的项目？其他以兴趣驱动、目前不是国家需求的研究，我们可以通过国家基金委申请立项（国家自然科学基金项目）。我们要迅速转换思想，跟上时代的步伐，从满足国家需求的角度去抓科学研究。

为什么会出先导计划？国家一个重大研发计划要协调多少个单位？我们为什么一个项目不能协调多个学院、多个学科？我们要以国家需求为目标，将学科、学院组织起来，共同去做一些事。我们做得好的或者已经有基础的重点方向，要尽早梳理出来，能报奖的要尽早报奖。我们培养一个院士至少要 10 年，要有大量成果的累积，要从 40 岁左右的人中去找苗子，组织 40 岁左右的人瞄准院士去努力，争取让我们的中青年拔尖学者 40 岁左右成为国内一流的专家，让领军人物在 50 岁左右成为院士，这是我们的目标。

要达成这个目标的条件有两个：一是 ESI。有不少教师对 ESI 有看法，认为工科不要搞 ESI。但是我们要以发展和全面的眼光去看待 ESI，很多同样是以工科见长、主要学科是工科的学校，甚至有些原本没有我们实力强的院校，都已经进了工程学 ESI 千分之一，我们怎么能不赶紧发力？所以我们要认识到问题的艰巨性、严肃性，要重视工程学 ESI 进千分之一的建设，要团结起来，这关系到学校工科的荣誉。二是国家奖。以前我们很骄傲地宣传学校 3 年一个奖，但是我们以后还能不能再拿一等奖？如果奖励力度不够，学校可以通过研究再提高对获奖教师的奖励力度。关键是有没有可以冲击一等奖的项目。其实，ESI 是获奖的一个重要支撑，如果你有很好的高水平论文做支撑，获奖的可能性就会大大提高。如果一篇好文章都没有，只说搞了多少应用成果是没有用的。写一篇好文章不是那么容易的，是要费很多精力和时间的。

我们做科研、拿经费是一个方面，但更重要的是要出成果、发高水平论文、获国家奖。

3. 多鼓励从成果转化中拿钱

最近国家下发了一系列科研经费管理文件，文件中的规定更加人性化了，如人工费、科研绩效等可以列支，而且其中大部分都给到了学院，一部分还给到了个人。为了鼓励成果转化，国家还通过了成果转化法。因此，我们的教师要加大成果转化的力度。

4. 为学科建设提供必要的条件保障

2016 年，我们学校组织了大型仪器设备购买的论证：只要经费到位，就按轻重缓急安排购买。关于工科学科建设的条件保障问题，我们也将向常委会提议，每年拿出一笔钱作为工科学院的条件保障资金。至于到底投入多少钱？是平均分还是不平均分？上一年度没用完的是转入下一年还是收回？我们都可以进行讨论。这笔钱到位后，各学院要按照财务管理办法做预算，由院长负责，按照程序审批制度进行使用，可以用于如生产线建设、小型设备维护或者院里的一些机动的事等。

5. 绩效考核，动态调整

《双一流建设办法》明确提出要实行“绩效考核、动态调整”。目前具体的遴选和绩效考评方案都还没明确，但是人才培养质量、人才队伍建设、ESI、学科评估结果、国家级奖励、学校综合改革情况等肯定是考核要素。按照“双一流”建设办法，就算我们第一批进去了，若建设绩效不好，也很有可能成为动态调整的对象。

6. 工科学院“双一流”建设的要求

（1）要立志，要有高目标和大志向

王阳明小时候刚入学读书，就问先生读书是为了什么？先生回答说为了中状元、做官。7 岁的王阳明就反驳道，读书是为了做圣人。他的意思就是如果读书是为了升官发财，那就不要读书了。

举这个例子的目的就是想告诉大家，人首先要立志，要有理想和情怀。目前，学校的条件、环境和待遇都大有改善，在这样好的条件下，老师要进一步收心和回归学术。

曾经有不少老师提出来，因为工科主要集中于工程应用领域，写论文不容易。与基础理论研究相比，发表工程应用类的论文确实是难一些。但是，纯粹进行基础理论研究，也不容易出成果。有可能 10 万个甚至是 100 万个人中才会产生 1 个天才、1 个“大家”，比如爱因斯坦、霍金等。

大家不要认为“搞工程和工科的就很难出成果”，因为产生竞争的，不是搞基础理论研究的人，而是你自己所属的学科领域。别人为什么发表了那么多论文？任何工程和工科，都是有技术、有方法的。观点和方法就是哲学，就可以总结并发表。

（2）要有思想，要进一步凝练学科发展方向

我们总是觉得钱不够、设备不足。钱和设备确实很重要，但思想更重要。爱因斯坦提出相对论、袁隆平研究杂交水稻时花了多少钱？有什么条件？原始创新、真正好的东西靠的是思想。先有思想，然后才有实验和成果。如果没有思想，总跟着别人的思路去干，那样永远是没有出路的。

我们要站在科技前沿，去申请那些既符合发展潮流又有特色、同时又是国家急需的项目，然后能扎扎实实地做起来，能坐冷板凳，能踏实干活。

对于理科，进 ESI 世界前 1%只是一个方面，核心问题是凝练方向、出成果。每一个高水平大学，其理科发展不仅表现在论文产出多，还表现在有一个好的

研究方向。

有的学院不注重凝练自身的发展方向，导致方向有一大堆。方向一多就容易造成资源分配不均衡，申报项目的时候形不成拳头，没有竞争力。所以，学院在引进人才、选人才、做规划的时候，一定要注意抓好方向。

（3）要有自信，要进一步潜心学术

自信体现在哪里呢？就是要自成一家。我们学校的一些工科优势学科，有不少老师现在已经有了一定的国内影响力。在这个基础上，要进一步把自己推出去，进一步向更高水平攀登，这就需要我们有自信，有自成一家的勇气，有在你所从事的领域冲顶的决心。如果现在还差一点儿，那就认认真真地读论文、认认真真地带学生、认认真真地做实验、认认真真地和国家需求对接、认认真真地和同行交流，不要去追逐名和利。人要是只想着名和利，那没有哪一天的日子是好过的。我们只要好好沉下心来做几年科研，围绕一个方向努力，一定会有收获。即使没有攀登上去，也会有收获，因为努力的过程就是一种收获。

科学研究本来就不应该是一件名利双收的事。美国有的人文社会科学的助理教授年薪才 5 万多美元，而一个工科硕士到企业里去工作，年薪至少有 8 万美元。既然如此，为什么还是有这么多人抢大学的位置呢？就是因为这是他们的兴趣所在，在那里他们可以做自己喜欢的研究。只要我们有一份稳定和可靠的工作，把家庭安顿好，还可以教学生，那也是不错的。至于研究，只要我们坐得住冷板凳，做自己的事、吃自己的饭，成功就不远了。大家不要背负太大的压力，要快快乐乐地过好每一天。

当教授是一份很光荣的职业，国外很多高官都是从大学里走出去的，也有许多高官回到大学里去当教授。赖斯就是斯坦福的教授，不当国务卿后又回去教书了。所以我希望大家尊重自己的身份，明白大学教授是知识的象征，是先进文化的符号。大家也是“有身份、有地位”的人，所以大家要有自信。学校机关职能部门和学校领导都是为大家服务的。你们有什么问题，我们帮你们解决，你们尽管去创新、发展和传承优良文化、先进文化、先进知识，多为国家和人类做贡献。

（4）要有为，要牢固树立“学院办校、教授办院”的思想

我们有的老师没有想法，总等着领导来安排经费。老师第一要有想法，要

知道干什么，第二要执着，第三要肯跑。当前形势下，全世界都在竞争，都在拼命，我们也要有点儿竞争样子，这样死也死得光荣。

现在国家科研改革的方向，一是要服务国家需求，二是要公平竞争。这就是让老师去争取科研项目和经费的原因所在，争取回来以后，老师就可以自主雇优秀的人才来帮助自己完成科研任务。现在的政策不鼓励学校拿人才培养的经费去补科学研究。老师自己也可以选择工资由科研经费支出的方式。

国家现在正在进行绩效工资改革，对学校的绩效上限可能有限制，但是专利转让所得的收入是不限制的。国家大力支持专利转让。大家要大力通过专利转让的方式推进成果转化。国家现在已经把知识产权成果下放给了学校，并规定转让费要不少于 50%给个人，我们学校定的政策是 70%给个人。希望大家铭记习近平总书记所提出的“把论文写在祖国的大地上”这一要求，希望大家多出成果，特别是基础研究方面的大成果。出了大成果，学院也有很大的好处，学校专利转让 70%给个人，15%给学校，15%给学院，这不很好吗？所以老师要努力朝外看。

（5）要讲正气，要创造良好的氛围

我们如何创造一个良好的氛围呢？一是要提供一个以人为本的学术环境。很多老师在国外生活过，国外好的大学都有一个好的传统，实验室在某一个固定的时间会有一个沙龙，大家一起喝喝茶、聊聊天，相互交流工作进展和成果。所以我们自己要经常在一起交流，不要非得每次通知开一个什么会才聚到一起。学院也可以借鉴国外的经验。二是要尊重人才。给真正的领军人才多一点儿支持，这是没有问题的。三是要团结。假如我们人人都是英雄好汉，但是不团结，搞阴谋诡计，有话不当面说，搞分裂，这个集体就会垮掉。对于学院和学科，也要有核心，要围绕学术带头人和学术方向，相互支持。党委要发挥核心领导作用，团结大家，一起围绕凝练好的学科发展方向去努力工作。四是要公平、公正、公开。不管是本土的人才，还是外面的人才，缺什么人才就引进什么人才。不能因为是谁的朋友就把他引进来，也不能因为和谁的关系好就投谁的票，这样是做不好事的。

（6）要坚持以身作则，从自己做起

要推行知识传授、能力培养和价值塑造“三位一体”的人才培养理念，需要有好的老师。老师要塑造自身的价值观。正人先正己。大学的每一个地方、每一棵树、每一株草、每一条路，都体现着大学的文化，都在时时刻刻地影响着每一个学生。大学是一个熔炉，你把一块生铁丢进去，如果某一点的温度只有八九十度，其他地方即使都是1000度的高温，也炼不出钢铁。所以要把大学生培养成为坚定的马克思主义者，这不能仅靠思想政治教育。这是一个系统的工程，需要整个文化来孕育学生的这种信仰，需要通过我们每个人自身的作用，一起努力把学生带好。如果老师自己没想要好好地去奉献、去服务，就不能培养学生正确的价值观。

陶行知有一句话，“千教万教教人求真，千学万学学做真人”。我们的老师首先也要求真，特别是不能在财务上有造假的行为。还有，如果老师自己的能力和知识水平不够，即使讲课很熟练，板书写得很好，也会讲出错误观点和错误知识，那还不如不讲。现在知识发展很快，上讲台的人光讲知识是不行的，还要传授学习方法和培养学习能力。在互联网时代，很多知识都可以从网络上获取，可能比老师讲得更生动、更准确。所以，老师一定要不断提高自己的能力水平，不断更新知识。

总之，学校“双一流”建设的目标很明确，就是要把我们的大学带入正轨，提升至国际化水平。其最核心的是要有若干在国际、国内都有一定影响力的领军人才，在国内要持续有院士产生，在国际要有一批学者去担任世界学术组织的主席、知名杂志主编等。为此，希望大家能够团结起来，为学校工科的发展努力工作。

信息科学与工程学院：围绕需求出成果、出人才

——在信息科学与工程学院调研时的讲话

信息科学与工程学院承担了多个国家级和省部级教学、科研项目，那么下一步我们应该如何把它建设得更好呢?

1. 抓需求

我们学校的计算机学科在全国大概排在第 20 名，这个排名还不够高。问题出在哪里呢? 一是学院对外联系比较少；二是需求抓得少。对外联系少，需求就少。虽然你们也在联系，但我觉得跟那些排在前 20 名的学校比，你们和别人的交流明显少。你们也开了不少会，但开哪些会? 谁来参加? 来做什么? 会后有没有收获? 开会其实要有收获：一是要有学术的收获，二是要有项目的收获，三是要有人的收获。因此，我们一定要有选择性地开会，要多交流、开小会。只有通过加强交流，才能获得需求。

需求第一，这是工科院校要时时刻刻记住的。我们反复强调，大学要面向需求。没有需求就没有产学研合作，就没有学科发展。我们不能关起门来搞研究，因为我们是发展中国家，钱不多。关起门来搞研究，学科设的越多，需要的钱越多，但钱从哪里来? 因此，我们关门搞研究的人员如果少一点，就不会有那么大负担，社会也不用提供那么多资源。

大学的工科首先要抓住需求，解决社会亟须解决的问题。计算机学科从南到北、从东到西，很多学院的领导专家我都很熟悉，因为这些人在第一方阵里面经常会有一些合作，比如“863”“973”等项目。你不跟别人沟通，别人就不知道你，他评什么项目就肯定不会关照你。因此，沟通交流很重要，这是个长期的工作，我们要采取一定的措施。

2. 抓名师

我们在地方都是响当当的名师，但是能不能在全国做到响当当？为此，我们要进一步培养名师，尤其在年轻一代教师中培养名师。有什么好办法呢？除了交流需求外，还要干活。出名师，就是要干活。我从来不鼓励年轻教师上课，副教授以下的上课干什么？应该去搞科研！等到功成名就之后再回来上课，也就是说等你当了教授或者很有水平的副教授后再去讲课。

现在，我们把一些讲师或者博士刚毕业的人派去讲课，这是很浪费的。这个时候的他们要把时间和青春花在实验室、要扎在一线。这个时候是人最富有创造力的时候，要好好去做科研，做出成绩来，到了 40 多岁再来上课。年轻的时候就要严格要求和训练自己，把自己的逻辑思维、动手能力培养好了，就一通百通了。现在有些人虽然是教授，但写的东西、讲的话根本没有逻辑，这就是在年轻时不做科研的后果。

人一辈子，总得有段时间要吃苦、好好干。怎么干？要将科学精神和人文精神相结合。实际上，人文精神包含科学精神。人文精神有三条：第一是人性；第二是理性；第三是超越性。人性，简单点理解就是别欺负人、要尊重人，要以人为本、对人好；理性，就是科学性和逻辑思考；超越性，就是要看得远，不能只看近的。眼光要放得远一点，我们现在就是要把眼光放到国家需求或者中南大学的需求上。

3. 出成果

成果不要多，一俊遮百丑。我们信息学院这么大，能有两三项大成果是我们做的，我们在湖南省或者国家发展的浪潮中做了自己的工作，做出了贡献，这就可以了。

怎么样在发展的浪潮中拥有自己的成果？这个成果不能是模仿的，而要是自己的。大学既要有对国家当前需求的贡献，又要有对长远的、人类历史进步的超越性贡献。这就需要我们出好成果。

4. 出人才

人才分为两类：一类是潜心立志做学问的，一类是解决实际问题的。我们培养后一类人才多一些，因为这是我们的强项；但我们缺少潜心做学问的人才，这可能和大家的兴趣有关。我认为最重要的是兴趣，我们要采取一些措施来调动学生的兴趣。

一个学校的教学搞得好不好，不是学生的成绩好不好、学生取得的竞赛成绩奖项好不好，因为这只是一方面。更重要的是，是否调动了学生的学习兴趣，使学生能够主动学习和做自己想做的事。

一个大学办得成不成功的重要标志之一，就是你的学生出去了是否越来越喜欢学校？时间越长，越认为学校好，这就是成功。我们要爱护学生，把学生当成自己的孩子。学生在学校犯点小错误不要紧，要保护和教育。只要不犯政治错误，就不要轻易处分。学生犯错误，重要的是教育，因为他们年轻，他们在成长，教育很关键。对犯了错误的年轻学生，我们教育要严，但处分要轻，我们应该持宽容和保护态度，帮助他们成长。

大学成功的另一个重要标志是吸引力和向心力。因此，招生分数线是一个重要的指标。好的学生都愿意报考这个学校，这个学校当然声望就会高。再就是青年教师，他们愿意来这个学校，并且愿意全心全意为这个学校的发展而努力，学校就大有希望。

5. 培养目标

很多同学问我，究竟要把我们计算机科学系的学生定义成什么样的学生？也就是我们的培养目标是什么？

首先我们要培养学生具有独立的人格，要培养有责任感、能谋求幸福的人。大家要有一种阳光的心态去面对自己和这个社会，我觉得这是每个信息学院学生都应该做到的。在此之上，我们需要培养计算机领域的精英、科学家、工程师、软硬件高级设计人员、教授、企业家等。我们要培养在这个行业里能做到最好的精英。

我们每个同学都要有自信，不要盲从。我们在培养过程中，一是要培养大家的自信，二是要培养大家的能力，包括捕捉商机的能力、领导能力、计算机的相关知识和专业技能等。

总体来说，我们的信息学院是有基础的，但要想取得大发展，还要从思想上、方法上和管理上多下功夫。特别是在人才引进上要努力。缺乏的人才，可以从国内外引进，也可以通过多开展国内外合作来获取。人才要为我所用，不求为我所有。有了人才，而且人才来了有用武之地，贡献就会出来。当然，出成果是一件长期的事，强求不得。

机电工程学院：在自身优势之上，产学研协同创新

——在机电工程学院调研时的讲话（2011 年 11 月 22 日）

根据“2011 计划”，我们机电工程学院要做好产学研合作，协同创新。

从满足产学研合作需要的角度来说，协同创新与创新是不一样的。一个人可以做创新，但一个人是做不了协同创新的。协同创新要求把各方面的长处结合起来，形成合力，构建能推动国家发展的产业链，以使我们在这个方面有很强的国际竞争力。

协同创新不同于国家重大科技专项，也不同于国家重点实验室和工程中心，其特殊性在于当某个行业或领域有了重大需求，或者有了一个比较好的产业链发展前景时，高校要能够通过科学研究和人才培养支持这个产业链的可持续发展，即通过高校的科技和人才培养形成一个战略性的、可持续发展的产业。

那协同创新的科技人才在哪？管理人才又在哪？这就需要一个稳定的人才基地，恰恰高校是符合这个条件的，高校既培养人才，又有科技创新。

协同创新的意义不止是在高校，在产学研合作的“产”与“研”上都有重要意义。我们去哪里寻找合作伙伴？怎么和别的单位竞争？关键还是在于我们是否抓住了国家的重大需求，以及我们的合作队伍是不是国内一流的队伍？我们在竞争之前就要和产业界、科技界最强的队伍进行联合。这种联合必须是紧密的联系与合作，必须是强强联合。这就需要有一个既分工合理又各自受益的比较明确的规划。我们做什么？他们做什么？我们的目标是什么？他们的目标是什么？这些都要很清楚，而且这件事情越早组织越好。

我建议机电工程学院在自身优势的基础上，建立一个同企业以及高校（比如中铝等）进行合作的远景方案。

作为高校创新能力提升计划，“2011 计划”对机电工程学院是个大好机遇。

机电既是一门传统的科学学科，又是一门充满青春活力的、非常好的、各个领域都要用的学科。学校会大力支持机电工程学院的发展。希望学院发挥优势，把学院和学科搞得更好，再为中南大学争光！

湘雅医院：有效提升医疗水平、管理水平和服务水平

——在湘雅医学院调研时的讲话（2011 年 11 月 7 日）+在湘雅医院调研时的讲话（2011 年 11 月 22 日）+在湘雅二医院调研时的讲话（2011 年 11 月 23 日）+在湘雅医院 2013 年工作会议上的讲话（2013 年 2 月 25 日）+在湘雅二医院干部会议上的讲话（2013 年 5 月 10 日）+在湘雅三医院“新湘雅讲堂”上的讲话（2013 年 5 月 30 日)+ 在传达全国卫生与健康大会精神大会上的讲话（2016 年 8 月 24 日）

我这一生中最崇拜三种职业：一种是科研工作者，他们改变世界，推动人们生活水平提升和社会进步；二是教师，他们塑造人类的思想和灵魂；三是医生，他们保障人民的生命健康，让家庭和社会更和谐。

这三种职业里面，我认为最伟大的是医生，为什么？因为他可以身兼三者，医生既是科学家（科技工作者）又是教育家（培养人才者）、同时也是大夫（治病救人者）。教师可以是科技工作者，但他不是医生；科技工作者也可以是教师，但他也做不了医生。只有医生可以身兼三职，推动人类的科技进步，塑造人的灵魂，同时又救治人的生命。我有幸在中南大学和湘雅医院相遇，并与大家一同工作。

我们的湘雅是一所 100 多年来医疗、教学和科研均没有中断的最完整的医学系统。湘雅在中国医学界拥有非常高的地位，最早的时候非常知名。正如人们所说的，上邮票的 3 个医生中有两个是湘雅的，一个是张孝骞，另一个是汤飞凡。在过去，湘雅有“南湘雅、北协和”的美誉。即便是在今天，也有一大批活跃在我国各个医院的骨干或者领导是从湘雅出来的，湘雅本身也得到了很好的发展。

1. 湘雅的发展目标

一个人或一个单位，只有心怀大目标，才能有高站位，才能有大格局！湘雅也是这样，应该要有大的奋斗目标，同时也应该有小的具体目标。

（1）大的奋斗目标

你们很多人谈到要把湘雅医院办成国家级区域医疗中心，这很好。但是，这个目标是不是太小了？区域医疗中心是医术水平决定的，不是行政封的。以前我们都在谈“南湘雅、北协和”，现在还有谁在说？大家为什么不说了？

过去可以，现在为什么不可以？湘雅目前的排位应该未进入前20，既然如此，那我们为什么不把目标放大一点？我们完全可以苦干10年，争取让湘雅的排名在全国进前3，我们要把它作为一个奋斗目标去努力。学校对湘雅提这么高的要求，很多人可能搞不清楚为什么。我这里列了几条理由。

① 医院发展和医疗创新正处在一个新拐点

这里有两件事特别值得注意，一个是大数据。可能很多人听过数据库、海量数据，但大数据听得少，大数据其实就是完整的数据。大数据的概念真正被提出来是在2009年左右，但这个概念自提出来后就与互联网结合了起来，对人类社会的经济、政治、文化、教育等都产生了革命性的影响。

美国一家著名杂志的主编说，只要有了大数据，理论就没用了。也有很多科学家和他辩论，说数学、物理的基本理论还是有用的，量子科学理论还是要继续研究的。那位主编的话虽然有些偏激，但也从另一个方面反映了大数据的影响。我们举几个例子。

在医学领域，大数据的出现会给我们带来很多革命性的变化。比如2010年，H1N1在美国被发现，在其快要流行的时候，美国疾控中心的预报却比互联网Google晚了几个礼拜。Google的做法简单、精确，它甚至能预报哪一个地区、哪一个村会发生H1N1，其根据的就是多年来积累的感冒流行相关的所有数据，通过对这些数据加以分析，就可以预报在什么时间、什么情况下会发生H1N1的流行，所以它能提前这么长时间。

大数据在其他领域也有许多应用。

就拿波士顿马拉松爆炸案来说，案发后，警方仅用了一天的时间就把两个嫌疑人抓住了。他们靠的什么？靠的是大数据。他们把在现场发现的东西拿到互联网一分析，再结合已有的数据，很快就比对出了谁是嫌疑人。两个嫌疑人本来还要去纽约时代广场引爆另外的6颗炸弹，如果不是警方在一天内就抓住他们的话，那另外的6颗炸弹也将被引爆。

大数据有三个特点：第一是数据完整；第二是它会找相关关系，而不是因果关系；第三是不要求精确度。大数据的出现，给医学发展带来了前所未有的机遇。

另一件特别值得注意的事是转化医学的出现。十几年前，美国提出了把制药、个性化治疗等结合到了一起的转化医学方法。这种方法从某种意义上讲就是产学研结合。转化医学从合成微生物（例如人工合成青蒿素、人工合成新的微生物甚至人工合成生命）开始，研究控制或治疗疾病的新药、新技术和新方法。这和传统的寻诊型医学有很大不同，它需要把病人、制药和个性化治疗等进行有机结合，这既需要有大的微生物库，也需要临床的积极参与，还需要建立大数据。

还有就是美国有一家在iPad上面发布医药信息的互联网公司，如果三五年前出了新药，美国的大夫很快就能从iPad上面了解到这些新药能治什么病，有什么副作用，是否能替代原来的药。但是我们就很难做到这一点，而且药物要经过美国等境外市场才能到境内，境内还要再做人体试验，很多新信息可能要隔很长时间才能被国内大夫知道。

我们用的药还非常老，还处于比较保守、比较传统的状态。我们以前看大夫喜欢越老越好，事实上，他们可能都不知道现在有什么新药，他们开的都是老药。我们的新技术跟不上了。

科技的新进步，使我们可以很快获得第一手信息。同时，大数据技术以及转化医学的出现，又为我们医院发展和飞跃提供了极好的契机，我们要抓住这些机遇。

② 国家经济发展为医院的发展提供了新机遇

如今，我们国家和老百姓都有钱了，在健康方面的投入也多了。另外，经济的发展带来了环境的变化，以及许多意想不到的变化，例如 PM2.5、重金属污染、三聚氰胺等。这些变化会导致许多新的疑难杂症产生，例如 SARS、H7N9 等。我们要研究对应的解决办法。

临床是医学研究、教育和医疗的龙头与核心，所有的医学活动最终都要体现在临床。湘雅是一个整体，有研究、有教学、有医院。我们要加强临床研究，加强对疑难杂症的研究，加强临床与科研、教学等的结合，这是有条件的。所以，我们要争前 3，提高人民健康水平。

③ 国家正在开展医改，民营医院、股份制医院正在放开

在不久的将来，如果说境外医疗集团进来托管中国医疗机构，其国际化管理水平将对我们形成巨大挑战。我们如果不提前做好应对准备，等到国际一流管理团队进入中国，我们将会面临巨大压力。所以，一定要具有“争一流，上水平”的意识。

④ 高校合并

很多医科院校合并到了综合性大学。合并以后，综合性大学和医科院校的融合有的快、有的慢。我们是属于融合得慢一点的，在这种情况下如果我们还不努力，人家融合得快的就会走到更前面去，发展得比我们更快。所以，我们必须抓住机遇，奋起直追，以在发展中占据有利地位。

以上这些就是为什么我们准备花 10 年时间，卧薪尝胆争前 3 的理由，不争就要落后，落后就要没饭吃，同时人民的疾病就得不到好的救治。

（2）小的具体目标

湘雅是湖南的湘雅，也是中国的湘雅，更是世界的湘雅！我们应该也可以在世界医学界做出湘雅的贡献！湘雅要为世界做贡献，靠谁？一是靠制度，二是靠人才！湘雅的人才培养是全国闻名的。但我们的科研水平和名医数量怎样？是一年一年往下降，还是往上增？

我们要往上增！因为我们已经落后了。我们的大夫、护士、科主任以及院长都应该有自己的目标，而且需要将医院的目标同个人的目标结合起来。一所医院如果没有全国知名的名医是有问题的。是制度问题，也是管理问题。大学领导有问题，医院班子也有问题。

我们要树正气、讲团结，改革我们的管理，培养一批名医，出一批成果，服务人民健康！我们要有目标、有追求！我们可以屈指算一算我们有几个科在国内是排在前几名的？有几位大夫在全国享有很高的知名度？我们不能满足于每天赚点小钱、过点小日子，打打麻将、洗洗脚。

现在科学院和工程院都缺少一线的名医院士，听说科学院还有可能单独成立医学部，到时候如果别的医院都出了院士级的领军人物，而湘雅没有，那怎么办？湘雅现在的院士都集中在基础研究，临床为什么不能有？

当然，院士不是医院发展的唯一指标，医院还要有科研、教学和为病人服务等。我们要有个大的规划，先定目标，再定实现目标的方法。湘雅今后几年的路子怎么走？就是要有大目标和大举措。这些目标和举措要有利于调动每一名大夫的积极性。例如，我们能不能把我们医护人员的待遇提高一些？我们名医的年收入能不能到 80 万元左右？

湘雅是大湘雅，不要分一院、二院、三院。湘雅 1906 年建院，是我国最早的西医医院，我们有汤飞凡、李振翩等一大批名医。我们有历史，但是我们现在是否还能再现历史的辉煌？

我想一定能的。我们要从改革开始。我们的改革要从让每个医生都能发挥积极性、每个病人都能得到最好的治疗这个角度出发。例如，我们医院是否可以从科主任负责制向教授负责制转变？我们的仪器设备可否 24 小时开放？我们的医疗事故处理能否依靠患者为中心的保险制度？

在培养医生方面，医院要制定一个既要让每名医生有目标，又能促进团结、树立正气的发展规划，并围绕规划推出一些措施。目标也很重要，湘雅 5 年或者 10 年内要出临床院士！医院要拿出办法，并朝着这个目标努力！搞得好我们可以出两个甚至更多的院士。此外，我们还要出一批名医，所谓名医就是在国内一提起他，大家就说这个人在这个领域不是第一就是第二；在医口的专业委员会，我们也要有人进去。

2. 湘雅的有利条件

湘雅“争前 3”有这样几个有利条件。

（1）湘雅品牌

我们筹拍了一部 30 集的纪录片《百年湘雅》。虽然叫百年湘雅，但实际上不是百年湘雅，而是百年湘雅教育。湘雅的品牌是超过 100 年的，叫百年湘雅会给人家造成误解。湘雅实际上是 1906 年成立的，我们经历了清朝、民国，现在也算得上是文物了。真正集医学教育、医疗和医学研究于一体、百年以上未中断的医院，中国应该独此一家。即使是协和，其建立也比我们晚了 15 年。

（2）有一支很好的队伍

我们湘雅医院里即有“最美医生”，也有“最美护士”。我们的大夫把病人放在第一位，一切为了病人。这也正应了我们对医生的要求。医生是仁者，仁者之心，仁者之术，一切当从病人出发，一切当为病人着想。除了大夫之外，我们还有一支很了不起的护士队伍。从某种程度上讲，护士比医生更辛苦，因为她们需要 24 小时值班。

（3）志存高远、敢为人先的创新精神

湘雅人敢于抓住新技术带来的机遇。比如大数据，2013 年我们启动了以临床为主导的湘雅大数据项目，为此，中国移动给我们投入了 2000 万元，教育部成立了数字医疗重点实验室，学校也打算每年拿出 2000 万元来支持各医院科室做大数据研究。此外，学校还将安排 100 名软件研究生到每个科、每个项目帮助制作医疗数据库。从病人看病之前到看病之后，从文本数据到音像、声像、影像数据，从一般病人到个性化病人，全程数据都将被收集录入数据库。协和为什么强？有一个很重要的特点——保存着所有病历。协和从建院到现在，每一个病人的病历都在。但是，它的病历是纸的，要花很长时间查找。我们要把病历做成活的、做成大数据，全部放在计算机里，供大家随时研究。

（4）转化医学

湘雅是最早搞转化医学的医学院校。十几年前，在湘雅医院就成立了转化医学研究所，学校在 2012 年也成立了转化医学研究院。我们有十几个世界顶尖医学、药学“千人计划”专家进了这个研究院，他们都在进行着最前沿的研究。

（5）国际合作

湘雅本来就是美国与中国合作的结晶，我们现在也有许多湘雅人在美国。因此，我们要利用国际合作渠道加速我们的发展。

3. 湘雅存在的问题

虽然，我们湘雅有很多很好的医生，很多很好的护士，医院也发展得很好，但还是面临着严峻的挑战和一系列问题，我大致罗列了一下。

（1）国内大形势严峻

现在卫生部与计生委合并了，叫国家卫生和计划生育委员会，医改进行得如火如荼，那么为什么会有这么大的变化，而且对医改要求这么高呢？

前几年有一个统计表明，我们在卫生事业上的投入，人均只有 8 毛钱，这几年虽然增加了，但增幅不是很大。美国等西方发达国家公共财政 30%的预算放在医疗卫生事业上，与之相比，我们的投入较少。

由于经济发展环境、人类生活节奏和人类生活方式的变化，人们的生活习惯、饮食习惯发生了变化，造成的疑难杂症也在不断增多。比如 H7N9、SARS 等，这些以前从来没听说过，但现在都出现了；再如 PM2.5，原来也都没听说过。

虽然人的平均寿命在不断增加，但疾病的量也在不断上升，人们到医院看病的次数、对医院的需求，特别是对好医生、好医院的需求在不断增加。我到医院去时，有时候会到门诊大厅转转，那里总是人山人海。我在北京去看病时看到医院门诊大厅是满的，到长沙一看也是满的。湘雅各医院都是这样，几乎任何时候去门诊大厅都是满的。

另外，随着疾病的增加，患者在增加，群众对医院的不信任感貌似也在增加。患者到医院来，一方面是想看好病，另一方面他又对看病的大夫不怎么信任。不是出钱出不起，而是怕把病看坏，怕受到不好的服务。这种不信任感不仅造成了看病治疗的困难，还加大了医患矛盾。

医改进入关键期后，为了解决看病贵、看病难的问题，对民营医院实行了“放开”。在这种情况下，医院的经营管理竞争变得激烈了，今后可能会更加激烈。

（2）发展目标和定位不明确

我们湘雅三院只有20多年的历史，面临着床位较少、空间和设备不足等情况，有很多地方确实需要扩张。但我们的湘雅医院和湘雅二院，床位已接近4000张，却仍然还有大规模扩张的冲动，且不是在本院扩张，而是想通过连锁、托管等联营手段来收购和管理别的医院。这样扩张的最大好处就是能多收点钱，但是不利的方面也有很多。

随着经济的发展，人们的法律意识越来越强，一旦出现医疗事故，你所要承担的责任会越来越大。如果是你管理的医院出了问题，人家会找你。同时，管理的扩张势必会造成管理队伍、管理水平和医疗水平的稀释。其实，究竟是应该走外延式扩张联营道路，还是以提高质量为核心的内涵式发展道路，我们对此一直没有一个比较明确的认识。

（3）管理体制不顺畅

中国最好的医院基本上都是大学附属医院，但在1999年中国的大学“大合并”之后的这十几年期间，大学附属医院在管理体制上却一直处于不顺的状态，或者说处于探索阶段。原来医院都是卫生部统一管，后来有的划到了教育部，有的划到了“地方”。

关于医学人才的培养、医院的管理等我们一直没有一个公认的好方法。究竟大学应该管什么？医院应该管什么？都不是特别明确。医院在人才培养、医疗、科研的体制上一直是不顺的。大学对附属医院和医学院的管理模式，也一直处于探索阶段。在这种形势下，医院和医学教育究竟应该怎么发展才能更加符合我国实际情况，这是一个需要认真思考的问题。

当医院管理不顺畅时，就会出现不少问题，例如看病贵。到医院看病，无论是药费、挂号费还是检查费，都由物价部门定。物价部门把药费、器材费、检测费定很高，而把挂号费、手术费、床位费、护理费等人工费用定很低，且几十年不变，这就很容易出问题。后来医改，降低药费，虽然把一些药的价格压得很低，但是药厂又开始偷工减料。所以，国产药和进口药相比，同样的牌子，同样的配方，国产药的效果要差一些，副作用要大一些。

再比方说看病挂号的定价，我们现在定几块钱一个号。当看病的价格很低，看病的患者很多时，大夫几分钟就要看一个。久而久之，大夫的工作就变成了开很多化验单、检验单，让仪器说话，这样反而增加了患者的负担。同时看病收入太低的话，医院和大夫就可能会多开药和多做检查，这同样会增加患者的负担。

（4）认识方面有偏差

医院本来是一个以救死扶伤为目的的单位，但现在却在发生变化。究竟是患者第一，还是医生、护士的个人利益第一，我们需要重新去思考一下这行医最原始的准则。

有这样一部电视剧，里面一位科主任每次面试时总会问面试者："你进医院干什么？"很多学生答得很老实，说医院工资高一点，自己挣了钱以后可以买个好房子，然后接爹妈来一起过日子。这样的面试者科主任都不会要。科主任其实想听到面试者回答："我要治病救人。"可就是没有面试者这样说。后来有的大夫骂他"死老头"！其实那位科主任还不到50岁。

虽然是电视剧，真的假的，当个玩笑话听听就完了。但这里反映出了一个观点，医院现在追求的是什么？放在第一位的是什么？

目前，我们医护人员的整体责任感在下降，越是这个时候，我们就越要强调责任和规范。我们要把病人放在第一位，而不是把效益放在第一位，我们要以人为本。

（5）业务水平欠缺

我们的医术为什么总是比北京和上海的差一点？为什么我们就不能在某个科比他们强一点？这些都是我们要思考的问题。

我们永远抑制不住扩张的冲动，总是想把湘雅做得更大。那我们想过没有，即使把湘雅搞到年规模1000亿元人民币，如果没有看家的、拿手的本领，我们又如何在全国乃至世界上获得地位？我们无非是把市级医院、县级医院、乡镇卫生院的事情都做了而已，我们没有高水平的大夫。

我们医生的总体水平，在湖南可能是最高的。但和北京、上海的相比还是有很大差距的。北京、上海的医疗水平高，可能有很多原因。但有一个原因应该是它们有一个激烈的竞争环境。例如北京，协和医院、301 医院、北京大学人民医院等医院都有自己的“绝活”。另外，北京大学人民医院在行业协会里有十几个主委，我们有几个？我们是否应该朝着提高医疗水平去努力？

4. 湘雅的发展思路

目前，湘雅的发展跟我们的目标和定位还是有差距的，我觉得有以下几点要注意。

（1）制定战略

湘雅现阶段再不制定战略，还是照着原来的路走，可能会有问题。我们的医院在汇报工作时有几个特点：第一，单报门诊量，门诊量从 200 万冲到了 300 万，从 300 万冲到了 400 万……第二，单报年收入，每年的收入从 20 亿元突破到 25 亿元，然后又突破到 30 亿元……最后再介绍一两个典型病例。然而，我们整体的发展是怎么样的呢？其实我们缺乏战略思考。不能觉得自己在湖南是老大了就不需要战略思考，如果不思考新的战略，我们就会失去发展的动力和前进的方向。

关于发展战略，有几点很重要：第一就是要赶快从外延式的扩张回归到内涵式的发展；第二就是要赶快从重视经济效益回归到重视病人；第三就是要赶快从感觉自己还不错回归到争一流。我前面说湘雅要在 10 年内进全国前 3，我们可能都觉得压力很大，但同时我们还要有信心。第四就是要赶快增强我们职工的幸福感。

所以，我们的管理就是要“抓两头”：一是要把医院建设成真正为患者服务的医院，二是要让在医院工作的人感觉到自己是医院的一部分。

（2）狠抓管理

管理很重要，管理就是要用最小的成本实现最大的目标。

管理首先是自我批评，找自己的问题。党的三大作风里面有一条叫批评与自我批评的作风。批评是人家对自己的，自我批评是自己对自己的。我在这里想强调的是对自己的批评。我总是在想，医患问题发生时我们总是认为患者不讲道理，的确有些患者是不讲道理，但是绝大多数医疗事件还是由我们自己存在的问题导致的！我们在出了问题之后，有没有分析问题？有没有找原因？有没有提出改进措施？我建议大家深思！人命是最重要的！我觉得有时候我们缺少自我批评的精神，我们总是首先想着如何保护自己，在讲一些有关医患关系课的时候，有些老师也总会强调如何保护自己。保护自己是对的，但过于强调就有问题了。

党的十八大精神，我总结了 16 个字："五位一体、四化同步、以人为本、科学发展。"为什么叫"五位一体"？经济、政治、文化、社会、生态——着眼于在党的领导下全面建成小康社会、实现社会主义现代化和中华民族伟大复兴。

"五位一体"要怎么发展？四化同步，转经济、调结构。转经济、调结构是为了什么？以人为本。人的因素是第一位的，让人过得幸福，这是十八大最核心的东西。那对于我们医院来说，什么是第一位的？病人是第一位的。医生的一切工作都是围绕病人的——如何提高病人的治愈率？如何把病人服好务？有问题，我们要认真地分析、认真地总结、认真地改进，这样才叫认真地提高管理。不要总说自己好，如果你自己好，那还有什么好改进的？

医院和病人，我认为医院永远是强者，病人永远是弱者，个别不讲道理的病人或其家属毕竟是极少数，这个我们可以通过司法途径去与其交涉。同时，打骂医务人员的行为也应该被制止，因为我们要维护医务人员的权益。但是如果真是因为我们的原因出了问题，并导致患者利益受损，那么我们就应该承担责任。我们要认真分析问题，总结经验，换位思考。

（3）要聚人心

聚集人心的过程是一个团结的过程，也是一个统一思想的过程。一个单位好不好？有没有幸福感？领导的公心最重要。领导是否把群众的利益摆在第一位？我们总讲领导要谋全局，这个全局不是全国也不是全省，而是领导所处的那个单位。办事要有规则，你首先要在规则面前做到平等，然后要在办事时讲究公道、公开、公平。人心团结了，大家都感觉到幸福了，这就是一个单位的福气。

要做到这一点，两件事情最重要：一是涨工资。我们医院的科主任，年薪应该要在 80 万元左右。医院要少盖楼，多发工资，把工资水平提上去，让大家觉得在这个地方靠知识拿到的钱是很体面的。这样医生就不用去收药品回扣，也不用去收红包了，他会很尊重这份工作。其实钱不必太多，家里重大事件、孩子上学、买房子等问题都能解决就够了，再多了也没什么意义。二是要有说话的地方，要能深刻感受到领导的公平。为此，我们要建立互相交流沟通的机制和平台。大家有钱了又能说话了，不就很幸福了吗?

（4）要上水平

医院是医学教育的重要阵地。没有医院，所有关于医学基础的教育都是无稽之谈。所有的医学基础研究和教育，都是围绕医院怎样上水平、怎样看好病、怎样做好服务等方面下功夫的。我们湘雅要上水平，要冲前三，要在某几个领域做到全国第一乃至世界第一，必须依靠医院。这是历史的责任，是每一个湘雅人的责任。

医院的发展一定要上水平，要摆在很重要的位置。医院要有名医，而且要有在全国、全世界叫得响的名医。只有一个不行，最好是每个科都有。北京、上海等地都有一大批名医。医院如果没有名医，就如同大学没有名教授一样，是立不住的、是要往下滑的。临床医院不仅要临床看病、带学生实践，还有一个就是要出一批名医。要一说到哪个领域，我们的医生不说是全国第一，但起码也要在全国排得上名，这也是我们的重要工作。

名医要有名医的风范。我们有些大夫有一个不好的习惯，那就是不注重个人形象。我们有的医生给病人看病的时候，头发脏脏的、衣服破破的！你应该仪表堂堂，因为你是精英，是受人尊重的高级知识分子，你甚至比教授、科学家、工程师等都要伟大，因为你既治病救人，又教书育人，还搞科学研究。你身兼三职，既是医生，又是教授，还是科学家，全世界哪还有第二种这样的人?抓名医的同时我们还要抓团队：一个是年轻的、层次化的梯队，另一个是护士团队。护士和医生的关系是非常密切的，工作就应该配合得非常好。如果护士和医生配合不好，也是很容易出问题的。

（5）抓好信息化和医疗大数据建设

我们学校支持了一百个医疗大数据项目，经费还没有用下去，好像只花了

15%。经费就是让你们录数据用的，你们要把怎么样录入数据放在第一位。系统设计和架构搭建是学校和医院的责任，录数据是医生的责任。各个科室要尽快建立数据标准，按照标准录数据。同时核磁、CT 等仪器设备的数据，也要通过接口进入医疗大数据系统。医疗大数据系统中的数据虽然是各个医院自己录入，但是一定要按照统一的标准。

我们不要把数据看成私人的财产，要共享。只有共享，才能推进成果的运用、提高医疗水平；没有共享的思想，医疗大数据建设是做不好的。

医疗大数据建设要注重以下几个紧密结合。

一是大数据和主任医师负责制紧密结合。主任医师负责制能否搞下去，要看医生能不能把看病的效果、病人住院天数和花费通过大数据送给老百姓。比如在骨科，不同的大夫治愈骨折的天数、花费情况等要让普通老百姓通过大数据看到并能进行对比。让大家通过对比可选择了以后，就可以把竞争机制引入到医院，让水平低的努力学习，让水平高的继续努力，这样也可以让管理更轻松。

二是大数据和医教研紧密结合。比如湘雅三医院建立的“高血压数据库系统”，很多其他科的数据都进入了其中，因为疾病是相互影响的，而且这种影响通过大数据可以看出来。我们可以通过人工智能的方法从数据库中挖掘出想要的东西，进而就可以写很多好的文章，在看病的时候还可以参考以前的病历。大数据还可用于培训青年医生和学生，医教研都可以用。

三是大数据和分级医疗紧密结合。下级医院一是诊疗时有大数据的标准，二是急病、大病可以通过大数据系统进行远程诊疗，三是需要加快进入绿色通道的速度。通过两者紧密结合，我们既能取得下级医院的数据，又能为这些医院和他们的病人提供更好的服务。

四是大数据和现代医院管理制度建设紧密结合。现代医院制度除了主任医师负责制外，还有很多其他的制度，这些都涉及大数据。

五是大数据和健康产业紧密结合。健康产业包括锻炼身体的器材，以及运动环境打造、体育比赛医疗、生活养生产品等，这些都与大数据息息相关。

六是大数据和新药研制、用药以及护理紧密结合。全国 4000 多家药企，基本上都是在仿制别人的非专利药，新药和购买了专利的药物非常少，自己拥有完全知识产权的药物少之又少。大数据技术在新药研发、用药和护理方面大有可为，比如可以大大减少新药研发的成本和周期等。

（6）抓好人才培养

人才是核心。如何解决人才匮乏问题呢？一是可以自己培养，二是可以引进，三是可以聘用兼职人员。引进人才解决急需问题，培养人才解决长期问题。医院内部要有竞争，没有竞争就难以培养更多的人才。学校也在不断想办法为医院的人才队伍建设创造条件。

比如说，八年制教育。医生是守护我们生命的，八年制教育是精英教育。八年制培养的医生应该是我们国家今后最顶级的大夫。因此，我们不抓好八年制学生的培养，就是不负责任。

再比如说，我们派遣八年制医学生去美国学习。他们进校时的录取分非常高，基础也扎实。因此应该让他们从学生时代就开始接触医学领域的前沿科技。这项工作我们要坚持 10 年以上。这些学生我们送出去的唯一目的就是培养。

对于送出去的人才，我们要以开放的心态对待他们，不要强求全部回医院服务，有三分之一回来就可以了，三分之二留在国外或去其他的医院都行。等待他们事业有成时，他们会通过不同途径感恩医院、帮助医院的。

（7）抓好医教研协同

医教研协同是抓好内涵式发展的重要手段。我们水平越高，医教研协同就会搞得越好。反过来，医教研协同搞好了，也会大幅度促进医学和科研水平的提高。

医教研协同要以临床为龙头，要为临床服务。离开临床搞的基础研究，会变成无源之水、无本之木。这话基础医学院听了可能不太高兴。但依靠我们现有的人，把临床丢开搞基础是很难的。我们现在与临床关系不大的基础研究，无非是生命科学、制药、公共卫生等。

医教研协同是推进研究型教学的重要手段。我们要把师傅带徒弟这种研究生的教学方式，推广到本科生的教育中去。我们的临床要将看病、研究和学习集于一体。我们的学生要通过在实践中搞研究来学习，要学会如何面对新形势、新问题，进而提高自己的水平。我们一定要推进研究型教学，要把研究的思想和思维尽早植根于我们医学生的头脑。

（8）抓好服务

优质服务是基础，医院一定要把服务做好。

医院要办得一个老百姓提起你，不仅感觉名声大，而且认为服务好。湘雅现在名声很大，很多病人都想到湘雅来看病，湖南省的和周边的都想来。我们一方面要把名声传得更远，另一方面还要让老百姓觉得湘雅的服务也是最好的。这要花很大的功夫：一是要态度好，二是要水平高，三是要利用信息化技术尽快地把基础研究的新药和新成果应用于临床，四是要注重个性化服务，结合个人的感受和疾病情况对症治疗。

（9）抓好科研

科学研究战略很关键。我们要坚持有所为、有所不为的方针，要坚持差异化发展和走特色化赶超之路。现在，湘雅有很多特色，比如器官移植、异种移植治疗糖尿病等。把医院的特色与大数据转化医学等结合起来，势必会促进医院科研水平的提高。现在有一种说法，数据是核心竞争力，时间越长作用越大。

（10）抓好基础研究

湘雅的基础研究是有成绩的、也是有传统的。以前我们很多教授是在非常艰苦的条件下做出了很多非常好的科研成果。现在条件比以前好多了，那么湘雅的基础研究能不能在以前的基础上再创辉煌？我觉得大家应该有信心。医院的基础研究要和临床相结合、要以临床为龙头、要多接触病人，着重解决临床问题；要多和祖国传统医学相结合，走别人没有走的路；要多和信息化技术相结合，用好大数据。

总之，医院要垮很容易，但要进步非常难，如逆水行舟。我们现在也在前进，无非是跟别人相比时，有的方面进步得快，有的方面进步得慢罢了。我们要通过自己的努力，争取比别人进步得方面更多一些、速度更快一些，以尽早地使我们成为当年的“南湘雅”，使我们的事业有更大的发展。

后记：感恩生命中所有的相遇

——在教师干部大会上的讲话（2017 年 6 月 1 日）

中央决定我不再担任中南大学校长，由田红旗院士接任。我完全拥护中央的决定，也衷心感谢组织上这些年来对我的关心。

借此机会，我首先要感谢党对我多年的教育和培养，如果没有党、没有组织为我提供这个平台和机会，那也就没有我展现自己的地方。

再者，我要感谢中南大学、清华大学、教育部、中组部、湖南省委省政府以及所有我以前工作过的单位的领导和同事们。正是你们的帮助、批评和宽容，使我有所成长，有所成就。

这里，我要特别感谢以高文兵同志为班长的中南大学党政班子，和你们一起工作，受益良多，非常愉快。我和高文兵书记在中南大学合作共计 5 年 7 个月，在教育部也共事过多年，还一起出过国。他虽然比我大不了多少，但是我从他身上学到了很多很多，受益匪浅，我们在一起也非常愉快。

另外，我还要感谢黄伯云老校长，是他的言传身教，教会了我怎么样做一个校长——就是全心全意为大家服务。同时，我还要感谢胡冬煦老书记，是你把我引进了为湘雅大系统服务的大门；结果我没有服务好，责任全在我，我没有学到家。

此外，我也要感谢以十几位院士为首的教授们、学术骨干们，是你们撑起了中南大学的教学科研、为社会服务的这片天地，创出了中南的特色。同时，我也要感谢中南大学的离退休老同志、教师和管理人员，特别是那些辛辛苦苦为学生服务的辅导员们，正是你们的工作，使中南大学生机勃勃、不断向上。

最后，我还要非常非常感谢中南大学的那些可爱的学生们，虽然今后我不能再在你们的毕业证上盖章了，但是我真的非常非常爱你们！我希望你们更加努力、勇于承受苦难，因为你们是年轻人，你们要用忠诚、坚持、担当、干净来引领中华民族的未来！我作为一个不怎么样的老师，会一直关注你们的成长！

5 年多的工作，使我对中南大学的精神与文化有了更多的理解和认识，也使我更加热爱这片背靠岳麓、面朝湘江的热土。这几年，我给学校带来的不多，但学校和组织给我的却不少。在这几年的工作中，如果有一点成绩，那一定是学校党委、组织和同志们共同取得的，而所有的问题全部是我造成的，当由我个人来承担全部责任。

另外，我在担任校长期间，由于个别工作方法使用不当等问题，可能也给一些同志造成了伤害，这里我给那些受到伤害的同志们真诚地道歉！

最后我要感谢我的家人。她们用自己巨大的牺牲长期默默地支持着我的工作，不管是多大的难关，我们都一起咬牙闯过。

我相信，在学校党委的正确领导下，田红旗校长一定会工作得比我更好！中南大学的明天一定会更加辉煌灿烂！